台湾の主張［新版］

李 登輝

PHP文庫

○本表紙図柄＝ロゼッタ・ストーン（大英博物館蔵）
○本表紙デザイン＋紋章＝上田晃郷

3

序文——いまこそ日本人が読むべき必読書

李登輝元総統日本人秘書
早川友久

『台湾の主張』が新版として文庫化されるにあたり、いま一度じっくり読み返してみた。

全編を通じて驚かされるのは、つい最近書かれたのではないか、と錯覚するほどの内容の新鮮さである。出版から二十年以上が経っている現在でも、まったく色褪(あ)せることはない。

むしろ二十世紀の終わりに、中国の露骨なまでの覇権主義、一国二制度下の香港、主体性を失った日本の対米外交など、先見の明を以って今日(こんにち)の国際情勢の課題を明確に予言した李登輝(りとうき)の慧眼(けいがん)に敬服するばかりだ。

その一方で、当時現職の総統であり、国民党主席でもあった李登輝が、足元を掬われることのないよう、慎重に言葉を選びながら語っていると見受けられる部分も多くある。また、二十年以上の歳月を経て、台湾社会あるいはそれを取り巻く環境が執筆当時とはかなり変化している部分もある。

前者の例を挙げよう。李登輝は本文中で、国家統一委員会における自身の挨拶を引いて「われわれはここに重ねて、（台湾と）中国は統一されなければならないが、統一は全中国人の利益を考慮したものでなければなら（ない）」（一四八ページ）と述べている。

この発言は、今日の台湾あるいは晩年の李登輝を知る読者からすれば、奇異に映るだろう。その奇異さこそが、本書出版当時から二十年の歳月をかけて発展してきた台湾の民主化の深化であり、国際社会における台湾の地位の確立を如実に反映している。

李登輝は、内においては民主化を進めたが、対外的には台湾を中国とは別個の存在として切り離す作業を進めた。あたかも車の両輪のように、内外の改革を同時並行で進めたのには理由がある。

台湾を統治する中華民国政府がいつまでも「いつかは中国大陸を取り戻す」と息巻く状態では、社会の健全化も発展も覚束ないからだ。

しかし、国民党といっても一枚岩ではなく、むしろ李登輝に対して「台湾独立を画策しているのではないか」と猜疑心を抱く人間も多かった。そこで李登輝は一計を案じる。

「国家統一委員会」という政府機関を設立し、統一へのロードマップを示すことで疑念の払拭に務めたわけである。だから当時の李登輝としては「(台湾と)中国は統一されなければならない」と語るより他なかったのだ。

しかし、李登輝の頭のなかには二つの楽観論があった。ひとつは、やはり本書で李登輝が語るように、これからの台湾では「台湾第一」という台湾アイデンティティの確立が進んでいくだろうという見通しがあったこと。もうひとつは、国家統一委員会が統一の話し合いを始めるための条件が非常に厳格だったことである。

国家統一委員会の綱領を簡潔にまとめれば、「中国の自由化、民主化、所得の公平な分配が実現したあかつきには、統一についての交渉を始める」となる。李登輝は後年、苦笑しながら語った。

「そんな日は永遠に来やしない。ただ、この綱領を制定したことで、党の有力者たちも安心して私を支持してくれるようになったんだ」と。

台湾社会あるいはそれを取り巻く環境も大きく変わった。

本書が出版された一九九九年当時、台湾の民衆を対象にした調査で「台湾の独立」を希望する割合は非常に低かった。九六年の台湾海峡ミサイル危機の記憶がまだ生々しく、台湾の未来が見通せないという社会事情もあっただろう。

しかし、二〇二〇年六月の調査では「独立」に加え、現状維持を望む民衆は実に九割近くに達する結果が出ている。「現状維持」とはなにか。いうまでもなく、台湾と中国は別個の存在となっている現在の状況を今後も維持していきたい、ということだ。この二十年の間に、台湾の人々が「台湾は中国とは別の存在」と明確に認識するようになった証左である。

同時に、台湾の人々が持つアイデンティティも大きく変わった。「自分は中国人ではなく台湾人である」という強い台湾アイデンティティの確立は、文字通り台湾の民主主義を支える根幹となっている。

本書（単行本版）の出版に関して、李登輝から聞いたエピソードを披露したい。本書の原稿は当初、東京にある台北駐日経済文化代表処（駐日大使館に相当）の新聞組（広報部）で長年辣腕（らつわん）を振るってきた人物を通じてやり取りされていた。

その流麗（りゅうれい）な日本語と良家の育ちを活かし、中曽根康弘首相や小沢一郎氏らと知己を結ぶなど、日本の政財界にも広く人脈を築いていた人物だったが、李登輝から見るとどうも危なっかしい。仕事柄、マスコミとの付き合いも広く、功名心もあった彼が、本書の内容を出版前にリークするのではないかという恐れもあった。当時、台湾の現職総統の書籍を日本の出版社が出すことなど考えられないことだったとも聞く。

出版元のＰＨＰ研究所は、予想される国内外からの批判に備えて、中国の江沢民主席と韓国の金大中大統領にも、それぞれ大使館を通じて『中国の主張』と『韓国の主張』の執筆依頼を送ったという。李登輝の本だけを出そうとしたのではない、というカモフラージュだ。

まだメールなども社会全般には普及していない時代、数度にわたる原稿の校正は、印刷された紙の状態で、日台間でやり取りされるしかなかった。原稿が流出することを恐れた李登輝は、信頼できる友人である黄茂雄氏に「ハンドキャリー」を依頼した。つまり黄氏が日本出張のたびに、自分のボストンバッグに原稿を入れて日本へと運び、ＰＨＰ側に直接手渡したというのである。

黄氏は「台湾の松下電器」ともいわれる総合電機メーカー東元電機を傘下に持つ東元グループ会長のみならず、日本経団連のカウンターパートである東亜経済協会理事長の要職にもあった。自国の大使館に信頼がおけず、友人の手によって綱渡りのように海を越えてやり取りされた結晶が本書というわけである。

本書の最終章では『文明の衝突』を著したサミュエル・ハンチントン教授の言葉が紹介されている。

「台湾のデモクラシーは、李登輝が死んでも継続するだろうが、（シンガポールの）リー・クワンユーの政治体制は、彼が死ぬと同時に墓場に葬られるだろう」

二〇二〇年七月三十日の夜、李登輝はこの世を去った。またたく間に訃報は台湾のみならず世界を駆け巡ったが、その夜の台湾の街の風景はまったく変わることがなかった。元総統が亡くなっても、台湾の民主主義が揺らぐことはなかったし、そのような不安を抱く国民もいなかった。台湾の行く末を案じて人々が浮足立つこともなかった。これこそが李登輝の見たかった完全な民主主義社会ではなかっただろうか。

最晩年、体調を崩しがちだった李登輝を日本からの友人たちが見舞った。翌月に総統選挙を控え、友人が「台湾の民主化もかなり進んできましたね」と水を向けると、李登輝は「いや、まだまだだ」と答えた。

李登輝としては現職時代にやり残した部分、退任後も努力を続けながらも、満足行く水準にまで持っていけなかったところがあっただろう。しかし、李登輝が打ち立てた民主主義国家としての台湾とその制度は完全に根づき、また深化を続けている。

次の日本に対する李登輝の指摘を見てほしい。

「（アメリカを）追随してきたことにより、アメリカというものが分からなくなっている。そしてまた、自分たちの考えていることを、どうすればアメリカに分かってもらえるかをほとんど考えないようになってしまっている」（二二七ページ）

「台湾が存在を失って中国に制されてしまえば、中国全体が覇権主義的な矛盾した体制をもつ地域となってしまう。（中略）次には日本の『存在』が脅かされることになる。日本の地理的位置づけからみても、台湾とその周辺が危機に陥れば、シーレーンも脅かされて、経済的にもまた軍事的にも、日本は完全に孤立することになってしまうだろう」（二三一ページ）

どちらも二十年以上前に、李登輝が指摘したものだ。

二〇二一年、本書は新版として文庫化されたが、この文庫化は、前年に逝去した李登輝を悼むメモリアルといった理由だけではない、と私は考える。むしろ、一九九九年に李登輝が日本人に語った問題が、今や眼前の危機として突きつけられている今こそ、日本人が心して読まなければならない必読書となった感さえある。

本書には日本の課題だけではない、解決すべき道筋もまた随所に散りばめられている。

李登輝は、日本も台湾も同じくらい心から愛した。同時に、日本に心から期待を寄せていた。

そんな李登輝が、やむにやまれず警世の書として日本人に贈った本書であるから、その言葉のひとつひとつが新鮮な輝きを持って、私たちに問いかけるのである。

まえがき

台湾の外交・国内政治・経済情勢からみて、一九九八年は、確かに多くのことが起こった一年であった。

たとえば、九七年タイ・バーツ暴落以後の深刻なアジア金融危機から来る衝撃を必死に抑えなければならなかった。また、六月のアメリカ・クリントン大統領の中国訪問、十一月の江沢民中国国家主席の日本訪問、および海峡両岸民間トップ会談の再開は、台湾の国民の非常な関心事となり、これによって台湾海峡両岸関係は、再び世界の注目を惹(ひ)くようになった。

国内的には、民主化以来の政党政治の発展と政党間の競争は激しさを増し、年末に「トリプル選挙」が実施された。さらに、九六年以来続いている、アジア地域安全保障の議論に新しい変化がみえ始め、この課題に対し、心ある人々が真剣に注目したのである。

このような多くの激しい変化が続いている中で、私たちは民主化への歩みを敢然として前進させなければならなかった。前回（一九九六年）の選挙のときと同じく、私は、秋ごろには「トリプル選挙」に身を投じた。忙しい日程で台湾全土をかけ回る最中でも、変転極まりない政局および選挙事情は、ちょうど車窓に映る秋空の浮き雲のごとく絶えず私の思いに訴えるものがあった。なじみ深い土地や山河、熱情あふれた人々の顔、無言の中にも私に求める多くの人々の強い期待など、それが選挙が終わって間もなく私をして本書を書かなければならないという気持ちにさせていったのである。そしてその構想もでき上がり、書きはじめたときはちょうど、私の総統任期が終了する一年七カ月前であった。

では、以下、私がまとめてきた本書の構想とその内容、動機を読者の方々のために説明しておきたい。

ここ十年来、台湾は歴史上初めて、自由への解放、政治の民主化および社会の多元化を成し遂げてきた。このような制度、組織の再編成を受けて、人々はいま心の中で、「われわれはどうあるべきか」をなお問い続けている。ならば、ここで、二十一世紀を再来年に控えて、われわれ台湾の未来に対して、それぞれの「希望」と「主張」をはっきりさせなければならないのではないか。むろん、明日はどうなるかさえ、誰にも分からない。これこそ神のみぞ知るところであろう。しかし、この自由と民主の実現を追求してきた総統としての私には、私なりにその問いに対する答えを用意する責任があるのではないか。そう思ったのである。

そこで本書において、台湾に住み、台湾を愛し、そしてこの国のためになにかしなければならない立場にある私は、不十分ながらもなにかを訴えたいと思う。

まず私の愛する台湾の人々に、自分の生きる目標を決める参考にしてもらいたい。次に私の歩いて来た過去の経験、またそこで受けてきた教育、思想、信仰を書き記すことによって、私をして、「主よ、何処へ行く」(『聖書』「ヨハネによる福音書」一三・三六)という問いに返答させたい。

さらに、私の愛する台湾の人々、親愛なる世界の人々に、台湾について一層の理解をしてもらいたいと考えたからである。

そして、私がかつて「台湾人に生まれた悲哀(ひあい)」を感じつつも、やがて「悲哀の歴史をもつゆえの幸福」へと考えが変わっていった理由を説明したい。そのためには、私個人の思想遍歴と台湾の歴史をまず述べなければならない。あるいはまた台湾の指導者として、あるべき思想や政治哲学をはっきりと説明する必要もあるであろう。

また、われわれは二十世紀を回顧することによって、二十一世紀への展望を開かなければならない。市場経済の急激な拡大、コンピュータ産業の発達、高齢化社会の出現、科学技術の急速な発展、世界の多極化と途上国の市場経済への参加というような事態を、うまくコントロールできなければ、二十一世紀において人類の生存をも脅かす状態になりかねない。このような世界の地殻変動を台湾も避けて通ることはできない。台湾はアジアの十字路にあり、政治経済の領域においてアメリカ、日本、中国、アジア諸国と、相互補完的な関係を保ち、協力しあう必要がある。具体的に、われわれがどのような方法で、この協力体制を作るかは各国の指導者たちの知恵にかかっている。このようなことについても私の考えを披瀝しておきたい。

そして台湾についていえば、「新しい台湾、新しい台湾人」はその使命と責任において、自分の存在を明らかにし、新しい歴史を作っていかなければならない。自由民主主義国家としての台湾のさらなる発展、科学技術の振興、環境の保護、文化の推進、社会保障の充実等、われわれがなさねばならないことは山積している。

次に、台湾の繁栄と平和の原動力がどこにあるかもはっきり示しておいた。そして、アメリカ、日本、中国に望むこともあわせてまとめておいた。また台湾が日米と協力してアジアに貢献することの重要性についても考えた。

加えて、私は台湾の人々に、二十一世紀にわれわれはどう対処すべきかを詳しく述べて、この書の結びにした。〝李登輝がいなくなった台湾でも……〟の一節は、いまの私の気持ちを最もよく表現していると思っている。

このような私の真情をもって書き終えた本書について、まず読者の方々からご意見を頂戴したい。それは賛成でも反対でも、あるいは感想でもいい。そのご意見がまた私のこれからの人生と台湾のこれからの発展を考える貴重な糧（かて）となると信ずるからである。

最後に、本書を完成するにあたっては、ＰＨＰ研究所をはじめ、実に数多くの友人や知人がご尽力くださり、一方(ひとかた)ならぬお世話になった。ここに心からお礼を申し上げたい。

一九九九年四月

李　登　輝

台湾の主張［新版］

目次

第一章　私の思想遍歴

第二章 私の政治哲学

第三章 台湾の「繁栄と平和」の原動力

第四章 いま中国に望むこと

第五章 いまアメリカに望むこと

第六章　いま日本に望むこと

第七章 台湾、アメリカ、日本がアジアに貢献できること

第八章　二十一世紀の台湾

あとがき

第一章

私の思想遍歴

悲哀の歴史をもつゆえの幸福

かつて、故・司馬遼太郎(しばりょうたろう)氏と対談した際に、私は「台湾人に生まれた悲哀」ということを語った。台湾人として生まれたが、台湾のためになにもできなかった悲哀があったと、司馬氏に申し上げたのである。周知のように、台湾人は長いあいだ、自分たちの国を自分たちで治めることができなかった悲しい歴史をもつ。また私も、台湾人として生まれながら、自分たちのためになにかしようとしてもできなかったつらい時代がある。

しかし、いま台湾および私自身について考えてみれば、台湾という幸福、さらには台湾人に生まれた者の幸福も見出すことができる。台湾は非常に気候がよいだけでなく、地形は変化に富み、また地味も豊かである。中国とは一定の距離があるために、中国でしばしば生じた混乱に巻き込まれずに済んだ。さらに、そうした歴史の中で、さまざまな社会制度や文化を吸収・育成することが可能となった。

台湾が、中国の古い史書に記述され始めるのは三世紀ころである。明・清代に大陸沿岸の人々が海峡を渡って移り住んだときには、すでに先住民が暮らしていた。十七世紀にはポルトガル人が「フォルモサ」つまり「美しい島」という呼び名をつけ、その後オランダ人が一時的に拠点とすることとなる。

清代には中国大陸からの移住が進み、一八九五年より一九四五年までは日本の統治下に入った。終戦によって中華民国に復帰したことにされたが、一九四九年に国民党が台湾に中華民国の首都機能を移したため、中華人民共和国との緊張関係に巻き込まれた。と同時に、国民党とともに台湾に来た「外省人（がいしょうじん）」と、それまで台湾に住んでいた「本省人（ほんしょうじん）」とのあいだに激しい摩擦を生み出していた時代もあった。

こうした複雑な歴史は、確かに台湾と台湾人に悲哀をもたらしたが、それとともに台湾独自の豊かな多様性と、逆境にあっても挫（くじ）けない柔軟性を得たことを無視するわけにはいかない。そして私は、こうした歴史をもつ台湾に生をうけたために、多くの経験を積むことができ、さまざまなものの見方を自分のものにすることができた。

おそらく私がこの地に生まれなければ、いまあるような私は、かたちづくられなかっただろう。多くの経験とさまざまな見方は、現在の私を強く支え、毎日の活動を意義あるものにしてくれているのである。

先祖は中国大陸から渡ってきたらしく、私は移民の何代目かの子として一九二三年台湾に生まれた。そこで私が受けた教育は、日本統治時代のものであったから、日本のオーソドクス（正統）な学歴を歩むことだった。公学校（日本統治時代、台湾人子弟が通った小学校のこと）に入り、旧制の中学と高校を卒業し、京都帝国大学に入学した。戦後には、改めて台湾大学に入り直し、さらにアメリカのアイオワ州立大学とコーネル大学に留学した。

こうした重複した複雑な過程は、歴史からみれば悲哀がゆえに生じたものかもしれないが、私自身からみれば幸福でもありえた。異なる文化の中の、異なる教育を一身に受けるということは、そう多くの人間が体験できることではない。私はいま、こうした経験をさせてくれたものに感謝しなければならないと考えている。その意味で、私は幸福な人生を歩んだのであり、その幸福は台湾のものでもあるべきであろう。

●――父が買ってくれた『児童百科辞典』

　私が、人生の初めにおいて幸福だったのは、生まれた家が比較的経済的に困らず、十分な教育が受けられる環境にあったことだった。父・李金龍は警察学校を卒業して、十数年ほど刑事をしていたが、当時、台湾で警察学校を卒業する人間は少なく、同じく官費の師範学校を卒業した教師たちとならんで、エリート層に属していた。また母・江錦は、地方の保正（＝村長）の娘だったので、我が家はお金に困窮するようなことはあまりなかった。

　父は、恩給の出るまで警察に一定年勤めると、故郷三芝に戻って水利会の組長や農村組合の経理などを歴任したが、戦後は県会議員になった。

　ただ、父が警察に勤めているあいだは転勤が多く、私が公学校の生徒のときなど、六年のうち四回も転校することになった。転校に次ぐ転校で、私には友だちがなかなかできなかった。また、友だちができても、しばらくすると父の転勤によって付き合いも途切れてしまう。この経験は、多感な少年をいささか内向的で我の強い人間にした。

そうした子供が考えつくのは、たとえば雨が降ったときに窓の外を見ながら、一人でスケッチをするとか、一人で本を読むことくらいだった。スケッチは、のちに油絵や水彩画、あるいは木版画という私の趣味になった。

一方、読書の方は、育ち盛りの少年を、年齢にふさわしくない物知りにしてくれた。そのころの私の自慢の「蔵書」は、日本の小学館から出版された『児童百科辞典』だった。この『児童百科辞典』については、忘れることのできない懐かしい思い出がある。

公学校四年生のとき台北への修学旅行があったが、その前日になって、私はそれまでなかなか口にできなかった願いを、おっかなびっくり父に言ってみた。

「とうちゃん、台北で『児童百科辞典』と数学の本が買いたい。全部で四圓くらいするんだけれど」(私はいまでも、父親のことを〝とうちゃん〟と呼ぶ)

四圓といえば、父親の給料の一割半くらいだったろう。ともかく、簡単に子供にわたせるような金額ではなかった。しかし、父は怒るどころか悲しそうな顔をした。

「そんなに欲しいのだったら、なぜもっと早く言わないんだ。いますぐに四圓を集めるのは難しいよ」

翌朝、まだ暗いうちに、私は他の生徒と一緒に媽祖廟（海の神をまつる廟）の大きな木の下に停まっているバスに乗り込んだ。

確か、私が座ったのは、前から二番目の席だったと思う。乗車の際のざわめきがやんで、いよいよ出発を待つだけになったときである。私の席の窓ガラスをコツコツと叩く者がいた。顔を上げると、外には傘をさした男が立っている。よくみると、その傘の男は私の父に他ならなかった。父は、早朝から知り合いを回って歩き、私のために四圓のお金を集めてきたのだった。

後に、私はその話をしばしば自分の子供たちの前でしたものだが、傍らで聞いていた年老いた「とうちゃん」は、微笑みながら「そんなことは覚えていないよ」と言うのが常だった。

激しい自我の目覚め

私は甘やかされていたのだろう。父をはじめとして、家族は私がなにかを望めばできる限りのことをしてくれた。それはいま考えてみても、単に実家が困らないからということ以上のものがあったように思う。

ことに母は、私を溺愛していた。母に黙って泳ぎにいったりすれば、半狂乱になって怒り、私は跪いて謝らねばならなかった。食事のときなども特別に扱ってくれた。私の家は豚肉を商っていたから、肉料理は一番よい部分を使って大量に作られ、そして私の前に山盛りにして並べられた。

しかし、不思議なのは、そうして甘やかされると、私の内にはそれを拒もうとする気持ちが芽生えたことだ。ことに、母の私に向けられた愛情に対しては、感謝しつつも警戒する思いが強まった。愛情によって押し潰されたくないという、強い抵抗感が私の中に生じてきたのである。

おそらく私は自我意識の目覚めが早く、そのころに始めた読書がさらにこのプロセスを加速した。私はますます自我に固執することとなり、強情を張って母を泣かせることもしばしばだった。母からすれば、息子のあまりの我の強さとパッション（情念）の激しさに、ただ驚くばかりだったに違いない。

結局、私は母と話し合って、自宅から離れて暮らすことを許してもらった。このままでは自分にとっても、また母にとってもよい結果にならないと、子供ながらに考えたからだった。私は淡水の町の公学校に籍を替え、先生の家や友人の家に下宿して通学することになったのである。

この「独立」の経験は、私に人間の関係性というものを教えてくれた。人間は、多くの関係の中で生活を営んでいるのだということが分かってきた。他人の家で生活すれば、否応なしに自分の位置づけを考えざるをえなかった。食事にしても、日本の諺(ことわざ)通り、「居候(いそうろう)、三杯目にはそっと出し」というような事態がいくらでもあったわけである。

日本思想の影響

激しい自我の目覚めに続いて、私の内に起こってきたのは、「人間とはなにか」あるいは「人生とはどうあるべきか」という問いだった。これは、母があるとき私に「お前は情熱的な面を多くもっている。もう少し理性的になってみたらどうなの」と諭してくれたこととも関係していた。自分の内にわき起こるものに対して、もっと自ら理性的に対処しようと考えたのである。

私が旧制淡水中学校に入学したのは一九三六年だったから、すでに中学教育も軍国主義的な色彩は強かった。そんな雰囲気の中で、私がよく読んだのは鈴木大拙の本だった。大拙は禅思想を中心に仏教哲学を世界的視野で説いたが、私が影響されたのは「自我を抑える」という考え方だった。

朝早くから使役に出て克己心を鍛えたり、滝に打たれて無我の境地になるという、いってみれば徹底的な唯心（ゆいしん）論だった。『臨済録』にあるように、「心生ずれば種種の法生じ、心滅すれば種種の法滅す」のである。一心に何事かを行えば、自我は消え去り、悩みも消えるというわけであった。

私は朝早くからの使役にも積極的に参加し、また便所掃除など他人がやりたがらない仕事も一生懸命に行った。私の場合、克己すべき対象があると、ともかく情熱が生まれる傾向がある。

こうした唯心論は当時の日本人に浸透しており、さまざまなかたちで、のちのちまで日本の軍隊にも影響を与えていた。とはいっても、私はこの唯心論は、必ずしも全部を否定する必要はないといまも考えている。

この後も、私は日本の思想家や文学者の本を熱心に読んだので、日本の思想は私に深く根付くことになった。たとえば、岩波書店から出ていた菊判の『漱石全集』は何度も読んだ。最初のころは、田舎の青年が東京に出ていって悩みながら成長してゆく『三四郎』が好きだった。

また、当時の高校生が好んで読んだ阿部次郎の『三太郎の日記』にある、それぞれの人が自分なりに精一杯生きることで報われるという考え方に共鳴した。倉田百三の『出家とその弟子』も、もちろん熟読していた。特に『出家とその弟子』の最後で、親鸞が「それでよいのじゃ。みな助かっているのじゃ……善い、調和した世界じゃ」といってこときれる場面には感動した。こうした境地が、私の理想となった。

さらに、『古事記』にはじまる日本の古典も愛読書だった。『古事記』を読んだ後には、本居宣長の『玉勝間』も繙くことになった。『源氏物語』や『枕草子』、さらには『平家物語』も熱心に読んだ。

私がこのような話をすると、不思議に思う人もいるようだが、私は一九四五年、つまり二十二歳になるまで日本人だったのである。日本の正統な教育を受けた私の教養もまた、日本の伝統につながるものに他ならなかった。

旧制台北高等学校時代には、夢中になって次から次へと読書を続けた。日本の古典以外にも、西田幾多郎の『善の研究』、和辻哲郎の『風土』、岩波新書に入っていた中野好夫の『アラビアのロレンス』やアインシュタインの『物理学はいかに創られたか』は愛読書で、それぞれは何度も読みかえしぼろぼろになって、いまも大切に書斎に収めてある。当時、私は岩波文庫だけで七〇〇冊以上も所有していた。

この時代には、トーマス・カーライルの『衣服哲学』、ドイツの疾風怒濤時代のゲーテの『ファウスト』『若きウェルテルの悩み』なども愛読書の一つだった。そして、あのロシア革命前夜の暗い社会の中で、新しい光を求めてやまないドストエフスキーの『白痴』などの作品群も、私にとって大きな精神的糧となっていった。

膨大な蔵書があったので、終戦直後、台湾に本がなくなったときに、私は友人たちと語らって自分たちの本を持ち寄り、古本屋を開いたほどだった。岩波書店のマニフェスト（発刊趣旨）のごとく、台湾の人々を啓発しようという意気込みだったのである。

中国文化に対する反省

幼いころから私は日本の教育を受け、そして日本文化の薫陶を受けた。その一方で、同時に多くの中国の文学と思想に関する書を読み込んできた。特に一九一九年の五・四運動後、風雲湧き上がる新しい思想の流れは、私に大変深い影響を与えてくれている。

中国人はかねてから長い歴史を有することを自慢にしてきた。しかし永らく続いた封建体制のために、中国ではその伝統文化は曲解され、社会には進歩や改革を阻害する数多くの弊害がはびこっていた。

一九二八年、思想家の胡適は雑誌『新月』で発表した「名教」という論文の中で、中国社会がスローガンを盲信している現象に対して痛切な批判を述べた。彼は中国人は信仰をもたず、そのかわり独特の、かつ長い伝統のある「名教」、すなわち「文字に書かれた宗教」を崇拝していると指摘した。そのために、何事につけても現実を直視せず、ひたすらにスローガンによって心理上の満足を求めることとなる。その結果、問題を解決できず、逆に価値の転倒錯乱を引き起こしてしまう。そこで彼は当時の為政者に「国を治めるにはスローガンによらず、いかにして実行するかが大事である」と説いた。

魯迅の『阿Q正伝』等の著作では、諷刺的な手法で深刻に、「中国人の面子を愛する文化」を描写し、多くの読者の共鳴を引き起こした。彼は、中国人の何事につけてもいかに解決すべきかを考えず、ただ自己安慰を求め、面子を保とうとする心構えは、結果として中国社会を停滞した状況に陥れ、それこそが時代の流れに合わせて発展できない主な原因だと主張した。

郭沫若は歴史を研究する視点から封建制度を批判し、多くの青年を鼓舞し、改革をうながした。彼の『十批判書』『青銅時代』等の著作は、先秦人物とその思想を批判することで、早期の儒家である孔子・孟子の民本思想を重視し、韓非子の「法術」「君主本位」と秦始皇帝の「極権主義」などを排斥した。そして、「民をもって根本とする」思想を宣揚し、中国は伝統の束縛から離脱してこそ発展の希望があると説いたのである。

これら中国の伝統社会の弊害を批判する著作は、その時代の知識青年に大きな反響を呼んだ。当時二十何歳かに過ぎない私も、細かくこれらの書籍を読み、中国文化をめぐる問題を深く思索した。私は、中国最大の問題は封建制度にあり、それゆえに停滞に陥ったと考えている。それによって人々の思想と言行はねじ曲げられたのである。

今日でも、私は依然として一九三〇年前後に活躍した思想家たちの見解に大変敬服している。だが、残念なことには、その当時の中国社会は未だ成熟段階に到達しておらず、そのために、いくら彼らが社会制度に対する相当深刻な批判をしたとしても、実現可能な解決方法を提出することができなかった。一般の青年は革命の理想を抱きながらも、明確な方向性とその方法をもちえなかったのである。

今日台湾が作り出した成熟は、その改革思潮の具体的実践の成果ともいえるだろう。この数年来われわれは経済と社会の安定的発展を基盤とし、徐々に伝統の束縛から離脱し、新しいスタートを図り、社会と政治両面の改革において、大いなる成熟を成し遂げた。当然ながら、さらなる改革を行い理想の段階に到達するまでには、なお多くの努力が必要である。そして、私はわれわれの選んだ方向は正しいと信じている。われわれのなしてきたことは、中国文化の再建に新しい希望をもたらしてきたといえるだろう。

この数年来、私は積極的に「精神改革」を提唱してきた。心（精神）を変革することにより、われわれの社会を古い枠組みから脱出させる。そして、新しい発想で、新しい時代に臨み、新しい活力がどんどん生まれてくるのを望んでいる。これは政治改革よりもさらに深入りした、より一層難しい改革の道標（みちしるべ）の一つでもある。われわれは、「自由で開放された社会の基礎の上に、文化の『新中原』を建設する」という目標を達成することができると確信しているのである。

マルクス主義との対決

私は一九四二年に京都帝国大学農学部農林経済学科に入学するが、農業経済学を選んだことについては、いくつかの思いが複雑にからんでいた。

一つは、子供のころから小作人が小作権を維持するために、盆暮れに我が家に多くの貢ぎ物をもってくることが不思議に思われたこと。また、高校時代に歴史を講義してくれた塩見薫先生が、マルクス主義史観で中国の歴史を語り、それに影響されていたこと。さらに、農業問題は台湾の未来に大きく関わっていると考えていたことなどである。

子供ながら、地主である自分の家に小作人がやってきて、小作の継続を哀願していくのを目撃して、同じ人間に生まれながら、なぜあのような格差が生まれるのかと憤りを覚えていた。そしてまた、同じように農業を営んでいながら、地主の違いによって耕地面積あたりの収穫量が大きく異なるのが興味深かった。私が農業とマルクス経済学を結びつけたのは、こうした私の子供のころからのいくつもの体験が関係していた。

大学では、私はマルクスとエンゲルスの本を読みあさった。マルクスとエンゲルスが若いころに書いた論文から『資本論』まで丹念に読み通した。『資本論』については、何度も繰り返し読み込んだ。

当時、私にとってマルクス経済学が魅力的だったのは、解放の哲学であったということだけでなく、資本の問題を徹底的に解明しようとしていたからだった。いまでも経済学はフローばかりを問題にする傾向があり、フローからみた生産と分配の関係を市場メカニズムの中で説明しようとする。しかし、ある国の経済が自立し発展する過程に目を向ければ、フローではなくストックが問題になってくる。

『資本論』は、まさにストックの面から経済に迫り、資本とはなにかを解明しようとしている。マルクスのいう「再生産」は、生産および消費を拡大しながら進行するが、この「拡大再生産」が資本の蓄積を可能にするのである。生産のレベルが、もし一定のままなら、「単純再生産」にすぎず、資本の蓄積もその社会の発展も起こりようがない。

ところが、マルクス経済学はこの再生産を概念的にとらえてはいるが、数量的にはみていない。「単純再生産」と「拡大再生産」の違いの根本的比較という点では、私の課題に合致していても、これを数量的に考えようとすると成り立たなくなってしまうのである。

さらに、マルクス自身がヘーゲルなどから引き継いだものとして、アジアは停滞したままで進歩がないととらえる考え方があった。いわゆる「アジア的生産方式」の問題だが、これはレーニンやカウツキーといったマルクス主義者にとっても超えがたいテーマだった。

この問題は、後にウイットフォーゲルが『東洋的専制主義』などで、アジアの水耕農業と専制政治の問題として把握し直しているが、いずれにせよ、ヨーロッパのマルクス主義者からは、アジアは停滞の歴史として切り捨てられてしまうのである。

●――アジア的生産方式と「農民革命」

この難題と対決したのが、毛沢東であるといえるだろう。彼は、中国は革命主体が労働者となるヨーロッパとは異なるが、中国には農民を基盤にした革命が可能だと論じた。

もし、毛沢東がいうように中国に「農民革命」が本当に実現していたならば、中国の歴史にはすでに偉大なブレークスルー（突破口）が生じていたはずである。しかし、中国での試みでは、現実に「農民革命」を起こすことができなかった。

その最大の理由が、中国人のもつ家父長的な考え方にあると私は考えている。家父長的な思考法は、毛沢東自身にも濃厚にあり、それは共産党独裁の問題にもつながっている。毛沢東が主張した「連合政府論」（一九四五年四月）は、共産党は国民党と連合することで対日抗戦を行い、その中で共産党に人民を引きつけることになっていた。そして、それは実現したようにみえたが、その後に共産党は国民党を潰しにかかるわけである。

毛沢東は、その後も個人的なパワーを手放そうとはしなかった。文化大革命という権力政治を行うことによって、自らの独裁を維持しようと試みた。しかし、権力をいつまでも個人のものとする限り、中国の歴史に新しい時代は訪れないのである。

現在、中国はアメリカとの関係を深めているが、行っていることは上述の「連合政府論」の策略と同じくかつてと変わりがない。アメリカと「大国外交」を行っているようにみせかけて、アメリカのアジアにおける政治的・経済的な基盤を吸収しようとしているのにすぎない。

現在のところ、中国は決してアメリカに拮抗するような「大国」ではない。ただ、人口だけが並外れて多いにすぎない。しかし、もし中国がアメリカのそうした基盤のかなりの部分を自分のものにしたと判断すれば、現在のアメリカ追従を放棄して、アメリカをアジアから排除する方向に転じるだろう。

話は元に戻るが、私は大学生のときに、マルクス経済学を非常に熱心に学んだので、卒業論文には「日本帝国主義時代の台湾における農業問題」という研究をテーマに選ぼうと思ったほどだった。しかし、それでは内容が批判的にならざるを得ず、学位が取れないから「台湾の農業労働問題の研究」というテーマに切り替えて卒業論文とした。

担当の教授はそうした意図には気付かなかったらしく、問題にしなかったが、私はマルクス経済学を用いて労働者階級の問題と農業という産業を結合し、まさに台湾の問題を論じようとしていたのである。

マルクス主義からキリスト教へ

第二次世界大戦が終わったとき、私は志願して陸軍に入隊し、少尉となって名古屋にいた。このとき私は再び京都大学に戻って勉強を続けるべきか、あるいは台湾に戻るべきか真剣に悩んだ。しかし、翌一九四六年春、私は意を決して台湾に戻り、旧台北帝国大学から台湾大学と名を変えた新制の大学に編入した。

これまで、あまり触れないできたことだが、その翌年の四七年に起こった

「二・二八事件」について述べないことには、私の思想形成を語ったことにはならないだろう。周知のように「二・二八事件」とは、国民党政権による台湾人弾圧だが、問題が単純でなかったのは、国民党は台湾出身の知識人を共産主義者と決めつけ、「白色テロ」で殺害したことである。

戦後の台湾は、四五年十月に台湾総督府が廃止されたとき、新しい歴史を歩み始めたが、すぐに国民党と共産党の激しい抗争に巻き込まれた。国民党は中国大陸での形勢が悪くなればなるほど台湾に多くを依拠せざるをえなくなり、それは台湾人への強権的な政治となって現れた。

四七年二月二十七日、台北市を流れる淡水河ぞいの商店街で起きたいざこざに端を発した台湾人による抵抗運動は、国民党の陳儀長官が蔣介石(しょうかいせき)総統に援軍を要請したときから悲劇的な様相を呈することとなる。

同年三月八日に基隆港から上陸した約一万三〇〇〇名の増援部隊は、台湾人の殺戮を開始するとともに、指導層をつぎつぎと逮捕していった。逮捕と殺戮の対象は広範囲に及び、ことに国民党に対立する可能性があるとみられた知識人は、ほとんど無差別に弾圧の対象となったといってよい。

おそらくあのときの台湾における「白色テロ」による犠牲者は三万人を下らないだろう。そのずっと後、私は国民党に入党し責任のある立場についたこともあって、「二・二八事件」の犠牲者に対して謝罪し、補償問題にも関わってきた。

しかし、あのとき、私はどこにいたのか。私は、実は弾圧される側にいたのである。台湾人として生まれ、台湾の未来を考えながら農業政策を学んでいる情熱的な若者が、あのときになにも感じずに書斎に閉じこもっていられるはずがなかった。政治的に対立している野党の指導者などは、私が九四年にそのことを語ると「そんな馬鹿なことがあるはずがない」と私を批判した。だが、彼は「二・二八事件」が起こったときには、まだ生まれていないのである。当時、人々がどのように思い、どのように行動したかは、あの複雑な時代を生きた者にしか分からないだろう。台湾はこの後、四九年八月に中国大陸から脱出した国民党によって、台北に中華民国の首都機能が移される。蔣介石総統が台湾を統治する時代が始まるのである。

私は結局、「二・二八事件」を生き延びることができた。「白色テロ」の時代も、乗り越えることができた。しかし、この激動する時期を通じての経験と、妻、曽文恵との結婚、そしてその後のアメリカ留学を通じて、私は理屈だけを追究する人生には堪えきれなくなっていた。私はまさに信仰を必要としていたのである。

けれども、空虚な生活に飽きたからといって、すぐに神の存在を信じることができ、信仰をもてるかといえば、決してそうではなかった。アメリカ留学から帰ってから、私は三年のあいだ、毎週四~五回、台北のあらゆるキリスト教会を妻、曽文恵と回って聖職者たちの話を聞き、神が本当に存在するものかどうかを考え尽くした。

信仰というものは、実はきわめて難しいものなのである。生物学的に考えた場合、マリアが結婚をしないで懐胎したという事実は信じられるものではない。しかし、キリスト教はその奇跡を信じよという。

また、一度死んでしまったキリストが復活したという話も、常識では考えられないことであろう。だが、宗教は、その奇跡を信じることが大切だと語るのである。

●見えないものを信じるということ

　普段は自らを律している枠組みから、いったん離れたときに、信じるという行為の重要性が分かってくる。理屈っぽい知識人には、こうした信仰がきわめて難しい。それは、時間をかけて克服するしかない。

　そのため、私は『聖書』を隅から隅まで読み尽くし、勉強し尽くした。「創世記」から始まる長大な旧約も、奇跡が実現していく新約も、すべて読んだ。中でも印象的なのが「ヨハネによる福音書」の第二〇章であった。

　イエスが復活したとき、トマスはそのことが信じられなかった。「トマス言う。『我はその手に釘の痕を見、わが指を釘の痕にさし入れ、わが手をその脇に差入るるにあらずば信ぜず』」。するとイエスは、弟子たちのもとにやってくる。「イエス来たり、彼らの中に立ちて言い給う。『平安汝らにあれ』。またトマスに言い給う。『汝の指をここに伸べて、わが手を見よ、汝の手を伸べて、わが脇に差し入れよ』」。

　トマスは触ると同時に、自らの誤りに気がつく。「トマス答えて言う。『わが主よ、わが神よ』。イエス言い給う。『汝我を見しによりて信じたり、見ずして信ずるものは幸いなり』」（「ヨハネによる福音書」二〇・二四—二九）。

見えないから信じない、見えたから信じるというのでは信仰ではない。心の中も見えないが、確かにそれはあるように、神の存在も見えないが信じるべきなのである。私がキリスト教を信じることによって得た最大のものは、愛という問題だった。そして、その愛とは、結局のところ自分の人生を肯定的にみるということに他ならなかった。

「人生はすべてよかった」と述べようとした思想家は多い。たとえば、前述のとおり高校時代に私がよく読んだ倉田百三が描く親鸞は、死に臨んで「それでよい」と述べた。また、同じく高校時代にドイツ語で読んだニーチェは、「神は死んだ」と論じたが、その彼ですら晩年は「ヤー（そうだ）といえる人生」を究極的な理想とした。

ゲーテの『ファウスト』は、まさにこのテーマを追求したものといえよう。冒頭でファウスト博士と悪魔メフィストフェレスは、人生をやり直させる代わりに「これでいい」とファウストが叫んだら、魂を渡すという契約を結ぶ。

罪を重ねる人生をもう一度やり直したファウストは、最後に、自らが作り上げた調和のある国に向かって、「止まれ。お前はいかにも美しいから」と感極まって言ってしまう。メフィストフェレスはまんまとファウストの魂を獲得しかけるが、その瞬間、ファウストのそれまでの罪はすべて浄化され、彼の魂は天使たちに守られて天上に召されるのである。

この作品でゲーテが語っているのは、罪が深くとも、真摯に生きた者を救う深甚な神の愛に他ならない。そしてまた、現実にゲーテはワイマール公国の宰相となって政治を行ったから、自らの人生とワイマールへの実感的な思いでもあったろう。

ゲーテの言葉を私流にいえば、われわれは自我をもつ利己的な個人に他ならないが、社会という場で生きるには、お互いが愛をもって生きていくべきだということである。その愛が、神の愛を顕現させるような深い肯定の心であれば、社会は思いやりと活力に満ちたものになる。これは、私の政治哲学、政治を行う基本的姿勢なのである。

ここで是非とも述べておかねばならないのは、中国文化の大きな要素となってきた孔子の教えとキリスト教との関係である。私には、キリスト教にある「死」と「復活」という契機が儒教にきわめて希薄であることが、中国社会に多くの問題を生み出してきたと思えてならない。

確かに、孔子が語った言葉を収めた『論語』には、人生を肯定的にとらえる健全な面がある。しかし、それは「未だ生を知らず、焉(いずく)んぞ死を知らん」との言葉にみられるように否定の契機がないため、「生」への積極的な肯定だけが強くなる危険を孕(はら)んだ思想なのである。

肯定されるべきは有意義な「生」であって、それは常に「死」と表裏の関係にある。人間は有意義に生きようと思えば、常に死を思わねばならない。このとき「死ぬ」とは、肉体的な死をいうのではなくて、自我の否定に他ならない。

ゲーテは『ファウスト』だけでなく、『西東詩集』の中でも、より簡潔に、より直截に、「死して、成れ」と述べている。自我の「死」があって、初めて本当の肯定的な「生」が成立するのである。

●――「易経」を学んだ目的

キリスト教への信仰は、私に生命の意義について考えるときの、新しい境地をひらかせ、自らの思想、言論、実践に甚大な影響をもたらした。キリスト教の洗礼をうけたことは私の人生において重要なターニングポイントであったといえるだろう。ところが、その後、思いがけなく政治にたずさわることになり、さらに総統となり、千変万化の様相を呈する世界に生きることとなった。そこでとにかく、より深く事態の本質を見極め、変化の状況を把握したいと思うようになった。そこで、「易経（えききょう）」を学びたいという気持ちがわき起こってきたのである。

ある偶然の巡り合いで、私は劉君祖氏の書いた『易経と現代生活』を読み、それに深く興味をもつようになる。そこで一九九四年八月からおおよそ一年かけて、週に一度、劉先生から「易経」についての講義を受けた。

私が「易経」を勉強する目的は、占いをするためではなく、また、単に自分の生涯をきわめるためでもない。国家の元首として必要なことは、毎日激変する国内外の情勢にいかに対応するか、さらにそれに伴う政策を選択する際、いかにして事象の背後にある真理を探し求め、物事の前後と軽重の順序を見極めるかということである。そしてそれに基づいて国家国民にとって、最も有利な政策を打ち出すこと、実はこれが国家の元首にとってなによりも重要な役割なのである。そこで、易理による再三の思考を経て、事象の不変の本質を把握し、政治と政策の基礎を固めたいと考えたのである。

そもそも「易」とは実は時間の方程式であり、変易、簡易、不易の三つの意義で説明することができる。もし仏教の「三法印」と比較すれば、「変易」とは諸行無常であり、「簡易」とは諸法無我であり、「不易」は涅槃寂静を意味する。分かりやすくいえば、「時間は絶え間なく変化し、万物万象もこれに従い変動して停止しない。ところが、この無常の変化のプロセスの中に変わらざる真理が存在する。そしてこの不変の本質を把握し、本来の変化を予測しようとすれば、必ず誠実な魂が必要とされる」ということである。

易家の符号は簡明で、変化に富んでいる。爻は陰（⚋）、陽（⚊）分かれ、天、地、人と始（はじまり）、壮（さかん）、究（きわまり）の時間と空間の観念によって、〝八卦〟を生じ、終わった後で再び始まる。また八卦は重なり、八×八＝六十四で、六十四卦となる。この六十四卦で宇宙に存在する万事万物の互いの動きと変化を理解しようとするのである。爻は卦に従いて回り、その位置につりあい、中（かたよらざる正しき徳）を得るのが爻本来の条件であり、承乗応興とは爻と爻との間における互いに動く関係である。卦と卦の間ではその数を錯綜した全体の互いの作動があり、爻変とか卦変とか呼ばれる局部の変動もある。六十四卦配列の次序についてその理由を説明した序卦は、因果いれかわりの時運演変を掲示し、中爻の卦中卦は、さらに深刻に事物に内在した矛盾と蘊蓄（うんちく）された情況を明らかにする。

易の道理を学び、私は人と人との間、人と組織との間、および組織と組織との間での複雑な関係について、新しい考え方を得た。と同時に人間の自我意識、人と制度との関係、国際社会上における活動、および国家をリードする際のさまざまな問題について、あまたの貴重なヒントを得た。私がいままでずっと強調し続けてきた「和諧感通（ハーモニー）」と「大台湾を経営し、新しい中原を建てる」という主張も、これと関わりがあるのである。

易の道理を探求する過程で私は、さらに深く中国の伝統哲学の人本思想を会得することができた。多くの人々は、〝民主〟と〝自由〟は外来の概念であると思い込んでいる。しかし改めて中国思想の発展史をつぶさに追うと、儒家が早くから自由主義と民主主義を重視していた事実が判明する。ただその後中国は長期間にわたって封建体制に束縛され、そのために固有の人本思想は歪められたのである。

私は中国の古典思想を再び探索することにより、民主改革を遂行する信念をますます強くしていった。この数年来、たび重なる困難を前にしても、憲政改革を持続的に実行し、確実に民主主義を実践してきたのも、民主主義は人類文明が発展する上で必要な過程であり、同時に人類すべてが共有すべき価値標準でもあると思うからだ。地域、文化、伝統の差異にかかわらず、普遍的なものと確信しているからである。台湾のすべての国民が、自由民主主義の環境の中で、十分に個性を発揮し、幸福を求めることができる社会を作るのが、国家リーダーとして私の最大の役割だと思うのである。

●「三民主義」の評価

私の政治哲学について語ろうと思えば、もう一つ孫文の「天下は公のために」という言葉について触れないわけにはいかない。この言葉は私のオフィスにも掲

と語っていたからである。

実はこの二つが、中国人には欠落している。中国人は往々にして利己主義に走りがちであり、一方で個人を維持しながら、他方では社会としての調和を生み出すということが不得意である。

現在の共産党下の中国をみると、この民権主義と「天下は公のために」が忘れられていて、覇権主義と結びついた民族主義ばかりが強い。中国で孫文の「三民主義」といえば、困ったことに民族主義を第一におくのである。

これは、きわめて覇権主義的な解釈であり、危険な考え方につながる。孫文が中国の革命を推進しようとしていた当時は、ヨーロッパの帝国主義が最盛期を迎えており、民族主義が民権主義達成のために不可欠とされていた。民族主義を考える場合には、そうした時代背景を思い出すべきだろう。

土地問題を重視していた孫文

もう一つ孫文の考え方で私が高く評価するのは、土地問題を正確に把握していたことである。これはマルクス経済学でもそうだが、かつての古典派経済学では土地というものを普通の商品とは考えなかった。動かない「絶対地代」として把握していた。

ところが、現在の経済学は地代についても、容易に他の商品と同じように扱うようになり、さらに土地は外国に行けばいくらでも手に入るというような発想で、安易に数量化するようになってしまった。

しかし、たとえば農地を考えた場合、ロケーションの問題を捨象してかかることはできない。どこにその土地があるかということ、つまり位置の問題は捨ててしまうわけにはいかない。その土地の気候と、その土地の農民は、切り離すことができないのである。

孫文は「地権の分配」という問題を、非常に重要視していた。地権を集中させてしまってはならない、土地で働く人には土地を与えるべきだと主張していた。逆に、土地で働かない者に土地の所有を集中させてしまったら、結局は生産性を上げることはできない。この重大な事実を、孫文は見抜いていたということである。

私が大学を卒業したばかりのころ、台湾でも土地改革問題が起こった。そのときに私は働く者に土地を与えよという立場で各地を演説して回った。

私の父親は、それほどの土地は所有していなかったが、地主だったので私の主張していることに反対だった。また、私の妻の父親などは大地主だったから、「なにを馬鹿なことをしているんだ」という態度だった。

しかし、私は「祖先から土地を受け継いだ子孫が、働かないで、ただ地租を徴収して裕福な暮らしをするなどというのは間違っている」と父や義父に反論したものである。もちろん、その結果、父親や親戚はかなりの土地を失うことになって、私の収入にも跳ね返ってきたが、それでよかったといまでも思っている。

私は農業経済学者であるから、土地問題には常に強い関心をもって、自らも研究を続けてきた。アイオワ州立大学に留学したのも、かつてシカゴ大学にいたT・W・シュルツが教壇に立っていたからだった。

彼は、経済と人口問題の研究でノーベル経済学賞を受賞しており、農業問題は農業だけでは解決しないと論じていた。私もこの考えに賛成で、農業と非農業を分離して、その国の農業問題を考えてはならないのである。

●――台湾の農村建設を支えたもの

さらに私は、戦後日本の「農業基本法」を、わざわざそのために日本に出向いて、二カ月ほどかけて調査したことがあった。日本の農業問題への取り組みは、学ぶべき点が多かった。農業人口が圧倒的に多い国において、どのように問題を解決すべきか、日本の戦後の過程はさまざまな面で参考になった。

その日本で、農業に大きな転機が訪れたのが、高度成長期の池田内閣時代だった。急速な工業化による用地買収が、農地の大幅な縮小と地価の高騰をもたらしたのである。台湾でも蔣経国時代に、同じような事態が引き起こされた。むしろ、台湾の場合には、日本以上の速度で進んだといえる。

このとき、人口の圧倒的多数を占める農民の生活基盤を確保し、しかも工業化を順調に進めるにはどうすればいいのか。これが、私に課せられたテーマだったが、私は孫文のように「地権の分配を確保する」ことを考え、さらにシュルツのように「農業と非農業を分離しない」という姿勢で臨んだ。

台湾の優良企業である台湾プラスチックは、ある県で四〇〇〇町歩の土地を一町歩あたり四万元で買収しようとしていた。当時の法律では、農地を購入できるのは農民だけだったが、台湾プラスチックは行政院を動かし法律を変えて、農民だけではなく法人も購入できるようにしようと試みたのである。

もし、当時、この法律が変えられていたら、おそらく台湾全土では一〇万町歩の農地が買収されていたと思われる。一〇万町歩の農地があれば、ほぼ一〇万戸の農家が生計を立てることができる。一戸あたり五人家族としても、約五〇万人の農民が農業から離れることになってしまう。

しかも、このときの財政、経済および社会の状況からみれば、この離農者を吸収したり救済する余力はなかった。農地の買収を認めてしまえば、台湾には失業者とその家族が五〇万人あふれることになると予想されたのである。

私は、これを放置するわけにはいかなかった。しかし、政府内でこの法案に反対しているのは私だけという状況である。そこで私は、「台湾はまだ工業が十分には発達していないにもかかわらず労働力の不足がいわれている。その不足分は農地買収で離農した労働力を吸収できるほどは大きくないのである。したがって、農地を売却させるよりも、農村外から資本を入れて、農村を助けながら、国全体の生産力を上昇させる方がいい」と蔣経国総統を説得した。

その効果が誰の目にも明らかになるのは、ずっと後になってからのことだった。最近、たまたまゴルフ場でキャディと話をしたところ、そのキャディはずっと昔に農地の買収話があり、私の反対でお流れになった地域の出身だった。「みんな、どうしていますか」と聞いたところ、「父親たちは、李総統に感謝している」との返事だった。当時、一町歩四万元だった土地は、いまや三〇〇〇万元から五〇〇〇万元にも上がり、「あのとき、手放さなくてよかった」と話しているという。私が土地売却に反対したことが、若い人にも伝えられているのである。

●台湾のアイデンティティとはなにか

私が蔣経国総統に重用されたのは、一つは台湾の大きな問題である農業問題についての専門家だったということがあるだろう。そしてさらには、私が革命的な行動をとる心配がないと考えていたこともあるに違いない。

蔣経国総統と私とは、かつてマルクス主義を学んだことがあるという点だけでなく、多くの共通点をもっていた。ある情報関係の人が「蔣経国でもなければ、誰もお前のような人間を使おうとは思わない」と私に言ったことがあった。私もそうした総統の信頼に応えようとしたことは確かである。だが、台湾のアイデンティティということを考える場合には、決定的に異なっていた。

蔣経国総統が私を副総統に選んだのは、必ずしも後継者として考えたからではなかったと思う。おそらく、自分が病気であのように早く亡くなるとは予想していなかったからである。蔣経国総統は、あるとき「私も台湾人である」と語ったことがあるが、台湾人のための政治とはなにかを考えたことはなかっただろう。台湾にアイデンティティをもつ政治とは、なによりまず台湾への愛着がなくては不可能であろう。私はよく言うのだが、将来、台湾を指導する人は、台湾を非常に愛し、そして台湾のために粉骨砕身、大いに奮闘する人物でなくてはならないのである。

それでは、いま現在の「台湾のアイデンティティ」とはなんなのか。すぐに「台湾独立」という声が聞こえてきそうだが、台湾の国際的な地位をはっきりさせる必要があることは確かでも、私は「独立」に拘泥（こうでい）する気はない。現在は「中華民国在台湾」あるいは「台湾の中華民国」を確実なものにすることである。

私が政治改革を進める中で「中華民国在台湾」と述べ、台湾の統治権を台湾島、澎湖島、金門、馬祖島などに限定し、中国大陸に及ぼさないことを示唆したとき、「なぜ中国大陸全体に関係をもとうとしないのか」との批判があった。しかし、私は、まずなによりも台湾がしっかりしていなくてはならないと考える。台湾自体のアイデンティティが明瞭ではないのに、中国大陸まで考えるわけにはいかないと思うのである。

まず、第一歩は台湾が国際的なアイデンティティと地位を獲得することであり、中国全体を考えることは、その後の話である。

●――再統一された中国のモデル

とはいえ、それは中国全体がどうでもいいということを意味するものではない。台湾がどのように関わっていくかは、これからの中国全体にとっても、また台湾にとっても大きな問題であろう。

中国は「中国四千年」あるいは「中国五千年」などといわれるように、文明圏としては膨大な時間の集積がある。ところが、その歴史をつぶさに観察すれば、残念ながら進歩と退歩の繰り返しがみられ、先に触れたようにヨーロッパ人が「アジア的停滞」と呼んだのも無理がない面がある。

近代に入ってから、中国が国民革命とそれに続く共産革命によって、この停滞の歴史を打ち破ろうとしたことは間違いない。惜しむらくは、国民党による国民革命は途中で挫折し、その後の共産党による共産革命も、同じ悪循環に入り込んでしまった。

共産革命によって生まれてきたものがなにかといえば、アジア的停滞からの脱却でも、中国の伝統からの離脱でもなく、まさに「覇権主義的な中華の復活」だった。誇大妄想的な皇帝的支配がよみがえったのである。

確かに「社会主義市場経済」によって、産業は伸びているようにみえるが、思想的には少しも旧套(きゅうとう)を脱したとはいえない。経済は伸びたが、政治の改造は少しも進んでいないように思われる。

こうした中国の状況をみれば、私はむしろ台湾がこれからの中国全体のイグザンプルを提示しているのではないかと思う。『ウォール・ストリート・ジャーナル』(一九九八年八月三日付)にも「アメリカは台湾を無視することはできない」というタイトルで寄稿したが、中国社会の経済および政治両面における改革の好例は、まさに台湾に存在するのである。

「最近は、共産中国および西側の人々が、中華民国が『台湾独立』『二つの中国』あるいは『一つの中国、一つの台湾』などのキャンペーンを展開しているといって非難している。しかし、われわれが台湾において行ってきたのは、中国のために、共産党支配から自由で平和な国を確保してきたことに尽きるのである。われわれは、経済を発展させ民主主義を奉じて、未来の再統一された中国のためのモデルになりつつある」(同紙)

経済においては、労働集約的な工業を技術集約的な工業に構造転換を図り、農業の比率を徐々に下げていった。いまでは工業がGDPの三五パーセント、サービス業が六二パーセント、そして農業は三パーセントとなっている。

また政治においても、憲法を改正して総統を国民の直接選挙によって選ぶようにし、政府の改造を進めてきた。さらに、教育の改革と司法の改革が進行中だが、これも民主主義社会を安定させるための、大きな基盤になることは確かだろう。

中国が過去の歴史と同じように、進歩と退歩の繰り返しに陥ったのは、第一に政策決定が指導者個人のものになり、国民の声を聞かないで行ってきたこと。第二に、社会の構造的な変化を、長期的にみることを怠ったこと。そして、第三に、指導者が国民の福祉を真剣に考えてこなかったことが原因だろう。こうした国民軽視の政策が、社会発展にとっての不確定要素となって、継続的な中国の発展を阻害してきた。

一方台湾は、こうした停滞社会からの脱出を、自らの力によって着実に遂行してきた。なぜ、台湾にそれが可能であったのか。それは、私自身が思想遍歴を経ることによってさまざまな考え方を摂取できたように、台湾もまた多くの文化・制度・思想を内部に取り入れることができたからなのである。

第二章

私の政治哲学

政治家の役割

政務委員に任命され、台北市長を務め、台湾省主席を経て、副総統となり、いま総統である私が「私は政治家ではない」といえば驚く人も多いだろう。冗談だと思う人もいるに違いない。しかし、私がそういうのにはいくつかの意味がある。

まず、第一に、これまでの中国文化において「政治」とはなんであったかを思い出せば、私がいう意味が分かっていただけるだろう。政治とはなによりもまず「国民を管理すること」に他ならなかった。言葉を換えていえば、「民をいかに支配するか」が中国の「政治」というものだった。中国の文化においては、伝統的に政治とはエリートが民衆をコントロールし、管理することを意味するのである。

この意味での「政治」は、台湾ではすでに過去のものとなっている。中国ではいまだに昔ながらの「政治」を行っているが、単なる国民の管理を「政治」と呼ぶのならば、私は「政治家」ではないのである。

さらに、第二に、私は政治的な駆け引きよりも、台湾を発展させるための「仕事」を多く行ってきた。いま、台湾にとってなにをすべきかを考え、「仕事」を設定してそれを遂行するのが私の任務であり、そして課題だった。もちろん政治といえば、激しい駆け引きや多くの対立を含むものではある。しかし、現在の台湾に必要なのは、そうした闘争としての政治ではない。その意味でも、私は政治家ではないのである。

私が、蔣経国総統の死後、一九八八年、第七代の総統に就任したときに述べたのは「一心一徳団結」だった。すなわち、「一つの心、一つの徳、それで団結して奮闘しよう」ということである。私は「政治家」としては新人だった。その新人が言えることといえば、「みなさん、一緒に努力しましょう」ということだけだった。

次に、第八代総統の選挙をする際には、「中華民族の新しい時代を作ろう」と述べた。このときには目指すべきテーマを提示したが、それでも中心となるのは「中華民族」であって、まだ「台湾」でも「国民」でもなかった。

ようやく第九代総統に就任する一九九六年になって、私は「主権が民にある時代だ」と述べるようになった。選挙キャンペーンでも「国民の声に、耳を傾けよう。民主改革を徹底的に進めよう」と演説を行った。そして「大台湾を基礎にして、新しい文化を展開しよう」と主張したのである。

このとき「李登輝は民衆に服務する志をもって、終始動揺しない決意でおります」と選挙民に申し上げた。もし私が政治家であるとするなら、民衆の声を聞く人間、実務を遂行する者が、政治家と呼ばれる場合に限られるのである。

二つのナショナリズムの存在

一九九六年の就任演説で私が「台湾」を強調してはじめて、台湾は真に国民が主権をもつ国家として自己主張が可能になった。

このとき私は、次のような意味の演説を行っている。

「私は、主権は民にあるという思想に服従します。そして、孫文先生が国民革命にかけた『天下は公のために』という思想を信じています。しかも、私たちの社会は、すでにして主権は民にあるという考え方をもっています。

しかし、自分が国家の主人であるという自覚と志は、すべての人が望んでいるものでありますが、現実にはまだ達成されていないものといわざるをえません。

私たちが本当に民主政治を行った期間はまだ実に短く、制度も完全にできてはおりません。私たちは、こうした社会が確実に来るという共通の認識に立って共同体を作り上げ、全員が一緒になって、知恵と寛容と同胞愛によって、目標に向かって進みましょう」

そして私は、次のように付け加えるのを忘れなかった。

「台湾は、ご存じのように移民社会でもあります。早い時期からの先住民の同胞を除いては、中国大陸から来た人々が大部分です。台湾に前に来た人、あるいは後から来た人は、それぞれに異なっていますが、すべてがこの土地を自分の力で耕し、同じく汗と心血を注いで現在の台湾を作り上げていったのです。

誰が台湾人で、誰がそうでないか。いまさら時間的な差でそれを議論することは意味がなく、またその必要もないのです。台湾はわれわれのものであるという認識、そして台湾のために行う努力奮闘、これが台湾人の証です。

そして、このような新しい台湾人の観念とともに、引き継いできた中国文化を尊重することも忘れてはならないのです」

ある政治学者は、こうした私の演説を分析して「台湾には二つのナショナリズムがある」と論じたことがあった。「大台湾」という、台湾という地域を基礎としたナショナリズムと、「中国文化」という、文化的なナショナリズムがあるというのである。

●――台湾に作る「新中原」

しかし、私たちにとって大切なのは、これらのナショナリズムのいずれが正統かを問うことではなく、いかに確固とした「台湾のアイデンティティ」を確立するかということに他ならない。

私が一九九六年に強調したのは、「大台湾を経営し、新中原をうち立てる」ということだった。

就任演説の一部を念のために引用しておこう。

「長期にわたって多元的文化が影響しあう状況のもとにおいて、台湾は中国文化の総体的な発展の中で、最も先進的な新生の力となり、中国文化の『新中原』(新しい中心地)になろうとしているのです。

現在は、まさに私たちが歴史の悲情(苦難)から一歩踏みだし、手に手をとり、心をあわせて各グループが完全に融合し、全国民が共同の意識に立って『大台湾を経営し、新中原をうち立てる』ための新機運を切り開く、またとない絶好のチャンスであります」

この「新中原」とは、文化の花咲くところに他ならない。政治にもっと引きつけていえば、民主主義文化ということができるだろう。この文化は台湾に住む人たちがすべて参加してはじめて成り立つものである。参加の中から生み出される、「われわれは台湾人だ」というアイデンティティを基盤にして育つものだ。

しかし、いまの台湾が本省人や外省人、あるいは先住民を区別していてはアイデンティティは確立できない。むしろ、大台湾はこうした来歴の違う人々が集まって、新しい来歴を、中国とは異なるかたちで形成していくことが重要なのである。

そのために、台湾の政治家は国民に対してなにを呼びかけるべきかといえば、次の二つが上げられるだろう。

第一に、民主的で能率の高い大台湾の経営を行っていくということ。第二に、産業を発達させ科学を進歩させるということ。第三に、快適な家庭生活ができる環境を作るということ。

つまりは、政治政策・産業政策・社会政策の三つということになるが、これらの三つが基本になって、政府の改造・司法の改革・教育の改革がこれから着実に進められていくわけである。

台湾の政治家にはなにが求められるか

では、こうした改革を達成する台湾の政治家に必要なものはなんであろうか。私は、未来の総統の条件を「台湾を非常に愛し、台湾のために粉骨砕身、大いに奮闘する者」と考えている。この条件を備えた人物を、台湾が目指す「新中原」のビジョンの中でみれば、どのような政治家像が描き出されるだろうか。

ここでも私は、孫文の「天下は公のために」を振り返りながら述べてみたい。「天下は公のために」とは、政治は特定の人間のために行われてはならないという意味であり、「政治家には私心があってはならない」ということに他ならない。

さらに突き詰めれば「私心がないということは、私がなにかをするときには、私を除いてものを考える」ことである。つまり、なにかを決断するときに「私がいない場合、私以外の人たちが最もよい方法を採用するとすれば、どうなるのだろうか」と考えることなのである。

なにかを決断する際にこの姿勢で臨めば、第一に冷静さを取り戻すことができ、第二に本当に国民のことを思い尽くすことが可能となる。個人と社会との関係を考え、自分の任務を自覚した決定が可能になるはずである。

もちろん、「言うは易く行うは難し」で、こうした思想を現実の中で実践することは非常に難しい。人間はどうしても自分を中心においてものを考えるから、自分を除いて発想するというのは、よほどの人格者であっても困難である。

さらには、本当に国民のために親身になって配慮できるかといえば、これも容易なことではない。しかも、政治家の課題はそれだけにとどまらない。相手に思いやりを示すだけではだめで、相手ができないことを実現することが目標なのである。

こうした「天下は公のために」の思想は、第一章で述べたように、思想遍歴の末に辿り着いたキリスト教的な愛の思想とまったく同じものといってよい。相手の身になって考えると同時に、相手が望んでいることを実現しようと努力する。

そのことで、私たちは『聖書』に出てくる神の愛に近づくことができるのである。

私はしばしば『聖書』を引用する。その中で私が最も頻繁に口にするのは、「コリントの信徒への手紙一」第一三章の愛についての一節である。

「愛は寛容にして慈悲あり。愛は妬まず。愛は誇らず、高ぶらず、非礼を行わず、己の利を求めず、いらだたず、人の悪を念わず、不義を喜ばずして、真理の喜ぶところを喜び、おおよそ事忍び、おおよそ事信じ、おおよそ事望み、おおよそ事耐うるなり」

相手の身になって考え、自分の利を求めず、事を達成するのが愛に他ならず、私にとっての「政治」なのである。

●回り道を着実に歩む

この「コリントの信徒への手紙一」の言葉にもあるように、愛は「事忍び、事耐うる」。政治においては、忍び耐えることが非常に大切であることを、私は身をもって体験してきた。

政治は、しばしば即座の結果が求められるために、即効性のある選択をしがちだ。ましてや、民衆にその成果を問う民主制においては、目にみえるような成果を上げたくなるのが当然であろう。しかし、そうした政治は往々にして国を誤った方向に導く。

政治家が心しなくてはならないのは、問題に直面したとき決して直線で考えないことだ。最短距離を見つけようとしてはならない。目的地への直線を引くことをやめて、必ず迂回すること、むしろ回り道を見つけだそうと努めるべきなのである。

直接的であることを避け、間接的なものの考え方を選ぶ重要性は、政治はもとより経済、社会問題においても当てはまる。直接にアプローチすることで、かえって時間がかかるだけでなく、目標を達成できないことも多いのである。

これは、たとえば高速道路を考えてみれば分かるだろう。ターンパイク（料金所）を通過するのが回りくどいからといって、まっすぐに伸びている普通道路を走った結果、渋滞に巻き込まれて動けなくなることはしばしば起こる。一見迂回である高速道路のターンパイクを通れば、面倒に思われても、むしろ何倍もの早さで目的地に着くことができる。

これを「ターンパイク理論」というが、政治という行為においては、ターンパイク理論が実によく当てはまるケースが多い。ことに目標が大きいものであればあるほど、迂回作戦が必要であり、直線的な発想はつつしまねばならない。

たとえば経済成長を達成しようと思えば、手っ取り早いのは多額の外資の導入と、外国企業の誘致であろう。急速に外国の資本と企業を呼び込めば、その国の経済成長はあっという間に達成されるだろう。しかし、一九九七年七月以降のタイのバーツ暴落に始まったアジア経済危機が示しているように、この直線的な方法は、その国を疲弊させるだけなのである。

規模の大きな問題こそ、迂回を考える必要がある。経済成長と一口にいっても、お金が動くだけでは長期的な成長は望めないし、また本当の意味で国民は潤わない。工業を発展させるといっても、それまでの農業を潰すような政策では、工業の基盤は作れない。

長期的展望をもってまず農業の生産性を伸ばし、その基盤の上に立って工業を発展させ、先端的な技術を獲得し、そして資本の蓄積を行って、金融の力をもつけていくことが必要だ。そして、結局はそういうことが真の意味での発展につながるのである。

●──票が欲しいだけの政治は国を害す

台湾が体験した、具体的な例を挙げてみよう。農業改革の問題は、まさにこの「回り道」の好例だったといえる。経済成長のために、土地の生産性を上げるという課題があった場合、直接的に目的を達成しようと思えば生産性の低い農地に資本投入して、生産性を上げればいいわけである。

そこで、農地の売買の制限を緩和して、自作農だけでなく他の人や企業も自由に農地を売買できるようにすれば、企業が農業に参入して合理的な農業を行うから、土地の生産性が上がるという議論は正しいように思われる。しかも、農民にしてみれば、次第に兼業化していく過程にあるから、ある程度のお金が手に入るなら農地を手放してしまってもかまわないような気になる。

しかしもし、なんの補助的な措置もなく農地の売買が自由化されてしまえば、農地はスペキュレーション（投機）の対象になるのは目にみえている。農地は必ずしも農業のために使われなくなり、地価が高騰したあげく生産性の高い工業用地や住宅地に転用されてしまうだろう。そして、その結果、台湾には農地を失った元農民の失業者があふれることになるのである。

したがって、簡単に農地の売買を自由化することは、かえって台湾の生産性を低下させることになるのでなんらかの規制が必要であろう。しかし、そうはいっても永遠に台湾が農業中心の社会・産業構造を続けるわけにはいかない。早晩、農民人口は減少していくだろうし、またそうでなければ台湾の発展は望めない。

そこで台湾省主席当時、私が行ったのは、こうした急速な自由化を阻止するとともに、将来に備えて生産性の高い農業を行う「核心農家」の養成だった。「核心農家」を八万戸創出し、その子弟は農業専門学校で最新の農業技術を学べるようにすれば、台湾の農業の未来図は描けると私は主張した。

現在、「核心農家」の二代目が活躍しており、彼らはさらに農業の生産性を上げるべく努力をしている。こうした人たちが農業を支える段階になれば、彼らが農業法人を作って大規模な企業的経営をはじめてもいいわけである。すでに台湾も最先端の工業を擁(よう)する産業国であり、また農業人口も圧縮されているので、失業問題につながる心配もあまりない。

もし、こうした回り道をしないで農地の売買自由化に走っていれば、現在のような台湾は実現できなかっただろう。政治でも経済でも、ターンパイク理論は決して忘れてはならない。ことに民主化されればされるほど、「回り道」は政治にとって重要になる。民主化された国では、必ず選挙での票の集まり具合と政治家の掲げている政策が緊密になるからである。

「確かに長期的な観点に立てばこの政策は必要だが、こんなことを主張すれば票は集まらない」という事態はしばしば起こる。こんな事態を解決するには、政治家同士が国民の前で議論することであろう。「この政策は即効性がないが、台湾の将来のために必要だ」という主張が、マスコミを通じてなされれば、国民すべてが目先の利益を追求していない限り、長期的な政策が評価されるようになるはずだ。

●──民主主義は民を甘やかすものではない

私がそういえば、必ず次のような反論がなされるだろう。

「あなたは国民を信頼せよというが、議論で民衆が納得するというのは甘い。民主主義で甘やかされてしまった民衆は、目先の利益をありがたがるに決まっている」

私はこうした事態が起きることを否定はしない。民主主義というものは、必ずマイナスの面をもっていることは、歴史的にみても確かだからである。民主主義が国民を甘やかすという説は全面的には認めがたいが、急速に民主主義化された社会では、大衆迎合の政治が生ずる危険がある。

この問題に関しては、私は時間に委ねるしか方法はないと考えている。民主主義という制度自体が、私が述べてきた「回り道」の方法であって、政治目的に直線的に突っ走る独裁制と異なるのはこの点である。民主主義の成熟もまた、「回り道」によって達成すべきものなのである。

その意味では、フランシス・フクヤマが『歴史の終わり』で述べたように、自由経済と民主制の組み合わせが歴史を終焉させるという考え方に私は賛成できない。自由民主主義という形態にさえすれば、最終的な目的地に到達したということにはならない。

アメリカのように、建国以来、自由民主主義を標榜してきたような国ですら、国内には多くの問題を抱えている。たとえば、貧富の差がさらに拡大しているという問題もある。また、資本主義の力が強すぎて、経済が政治をコントロールしてしまうという危険も存在する。さらに、人種的なマイノリティをどのように扱うかという問題も、決して解決したとはいえない状態である。

自由民主主義は、すぐに問題を解決するようにはできていない。国民がいくら「いますぐ、よくしてくれ」と叫んでも、「回り道」をして漸進主義的にしか前進しない。無理をすれば、必ず歪みが生じる。

同様に、台湾における自由民主主義も、「歴史の終わり」どころか、まだ始まったばかりにすぎない。多くの問題は、ゆっくりと「回り道」を恐れずに歩んで、着実に解決していくべきなのである。

自由民主主義の「地殻変動」

アメリカに限らず、現在、自由民主主義の国々が置かれている状況について、もう少し考えてみよう。マサチューセッツ工科大学教授のレスター・サローは

『資本主義の未来』の中で、いま世界が受けている挑戦について次の五つの「地殻変動」で説明している。

第一に、ソ連および東欧の共産主義が崩壊し、世界的な政治地図が大きく変わったこと。この変化には、資本主義市場の急速な膨張という意味もある。

第二に、コンピュータおよび通信技術の発達によって頭脳産業が支配的になりつつあること。このため、政治や経済における組織形態にも変化がもたらされた。

第三に、地球上に住む人間の数が爆発的に増加し、なおかつ激しく移動するようになったこと。さらに先進国では急速な高齢化が進んでいる。

第四に、経済が猛烈なスピードでグローバル化していること。このことによって、市場と国家、経済と政治の関係が複雑にかつ不安定になっている。

第五に、ソ連崩壊後にアメリカが世界の唯一のスーパーパワーとみなされているが、そのアメリカもかつてのような圧倒的な力を失いつつあること。

サローはこのようにあえて五つに分けて論じているが、すぐに気がつくように、実はこれらの「地殻変動」はすべて緊密に関係しあっている。資本主義市場の拡大、コンピュータ化、人間の移動、グローバル化、アメリカの地位の変化。これらは、私たちの前に展開している大きな変化をそれぞれ別な視点からみたものに他ならない。

世界の国々は、自由民主主義で自国を運営しようとする限り、この巨大な流れの中に巻き込まれる。コンピュータ化された巨大な資本主義市場は、一国の民主主義の独自の歩みを許さないほどに強い力をもっている。と同時に、急速にグローバル化した世界の中では、資本や人間の移動が激しくなって、社会保障の制度や労働力の供給を不安定にすることが多くなるのである。

政治は、こうした激しい流れの中で、なにに基盤をおいて政策を立てていけばよいか、という問いに対して明瞭な答えを出せなくなっている。いつの時点で自分たちの施策を実行すればいいかという判断が、あまりに急速な変化の中で難しくなってしまったのである。

●――かつて自由民主主義が受けた挑戦

経済において自由な市場を尊重し、政治においては民主制によって運営していくという自由民主主義が、巨大な挑戦を受けたのはこれがはじめてではない。第一次世界大戦の中で生まれたロシアの共産主義は、自由経済も民主制も否定して、計画経済とプロレタリア独裁を対置した。

さらに、第一次世界大戦後の混乱の中で生まれてきたファシズムとナチズムは、統制経済と大衆扇動に基づく投票による独裁を行って、やはり自由民主主義への異議を唱えたということができる。

この二つの挑戦は、こうした勢力が消滅して以後は克服されたのかといえば、実はそうではない。自由経済市場のもつある種の破壊的な力、あるいは民主主義が陥る政治的な機能不全がある限り、この二つの反動的な思想はいまでも自由民主主義を脅かしている。

しかし、共産主義とファシズムがもっている自由民主主義への脅威は、目にみえるかたちで展開し、主張もはっきりしているので分かりやすい。ところが、サローなどが指摘している自由民主主義がいま経験している「地殻変動」は、規模においてもっと巨大で、思想においても資本主義と民主主義の対立を促すという点で、遥かに手強いものかもしれないのである。

サローは次のように指摘している。

「民主主義と資本主義では、力をどのように分配すべきかについて、考え方に極端な違いがある。民主主義の根幹は『一人一票』であり、政治的な力はまったく平等に分配されてしかるべきだと考えている。これに対して資本主義は、経済的な適者が敗者を市場から追い出し、経済的に死滅させるべきだと考えている。『適者生存』と購買力の不平等こそが、資本主義の効率の根幹になっている」

これを極論にすぎないという人もいるだろうが、それぞれの考え方の中心にはやはりサローが論じている面があり、しかも、それがグローバル化する中で強調される危険性があることは間違いない。

こうした困難な状況の中で、それぞれの国の政治家たちは、自分たちの国の未来を描いていかなければならない。それは、私たちの台湾においても同様なのである。

「地殻変動」の中の台湾

国民の声を聞きながら、国民が自由に活動できる社会を作る。それが現在、台湾が取り組んでいることだが、そのためには法治がなくてはならない。つまり、自由主義に基づく競争を推進するにしても、そのゲームのためのルールがなければならない。勝手に自由競争を行ったら、放縦に流れる危険がある。

問題は、アメリカや日本をはじめとする先進諸国がすでに長いあいだ行ってきたことを、台湾は近年になってからなにもかも同時に進める必要があったことである。台湾は「二・二八事件」が起こった翌年の一九四八年五月に「動員戡乱（かんらん）時期」臨時条款が施行され、共産党に対して国家総動員で戦うことを宣言し、さらに四九年五月には戒厳令が施行された。以後、八七年七月に戒厳令が解除され、九一年五月に「動員戡乱時期」臨時条款が廃止されるまで、台湾は非常事態の中にあった。

こうした台湾特有の事情に加えて、アメリカや先進諸国ですら抱えている、多くの問題を忘れるわけにはいかない。たとえば、これから台湾が、民主主義を進展させていけばいくほど、社会保障の問題は大きくなってくるだろう。すでに、三年前に国民医療保険の制度を整備させ、現在は、九六・〇八パーセントの国民が国民医療保険に加入している。

これまでは、老人が体を悪くしても、子供が病気になっても、医療費が高いので医者に診せる家は多くなかった。しかし、これからは老人も病気の子供も、十分な医療が受けられるようになる。

ただし、この制度の整備も先進諸国の経験を参考にして、たとえば一時期のスウェーデンのような極端に高いレベルにする必要はないと判断することができる。いまの台湾にとって可能な、しかも必要に応じたことができるレベルを模索しているのである。

また、たとえば先住民の人が職を失うような事態が生じた場合、彼らが保険料を収めていないから放置するのではなく、こうした場合に限ってしばらく政府が保険料を払うことにする処置も行う必要がある。

さらに、好調に経営してきた企業でも調子が悪くなると、突然、従業員に退職金も払わずに廃業してしまうところがある。一方的に追い出された従業員は、明日からの生活にも困ることになる。こうした事態に対処できる制度も、必要になっている。

孫文の「三民主義」の中には「民生」つまり福祉があったことを思い出してい

ただきたい。私たちの国民党には、孫文がすでに述べていた「民生」の考えがあるから、こうした問題にもしっかりと対応することができると、私は国民に向かって呼びかけている。

「現在は、どのような問題があるかを知らなくてはならない段階だ。だから、困っている人たちはデモをするのも構わないし、また、直接に政府に苦情を言いに来て欲しい」と私は言い続けているのである。

●──台北市で実験したシビルミニマム

私が、人々の不満に耳を傾けて政治に生かしていくという方法を重視するようになったのは、一九七八年から台北市長を務めた経験が大きかった。このとき私は都市の経営とはいかにあるべきかをかなり綿密に勉強したつもりである。日本で発刊されていた岩波書店の『岩波講座　現代都市政策』なども、すべて目を通してさまざまな方向から検討した。

さらに私が行ったことは、都市問題についての精緻（せいち）な調査だった。市議会の議員とともに、地域の集会にも頻繁に出席した。「里民大会」と呼ばれるコミュニティの集会は、日本でいえば団地集会のようなものだが、ここにはさまざまな問題と苦情が持ち込まれる。私は、ここに集められた問題を持ち帰って、市の各局・各部の人たちと相談した。

こうした議員たちの協力を得られたのは、私が彼らのデータベースを作って、一人ひとりがどのような人物かを押さえておいたからだった。後から「秘密調査をやってけしからん」などと言われたが、そのデータの主な内容は「この人物は、酒が好きかどうか。どのくらい呑めるか」などというものだった。もちろん、それぞれの議員がどのような選挙基盤をもっているかも、データベースに入っていたことは確かである。

市長を務めたのは三年半ほどだったが、そのあいだに、どの道路にどのような問題があり、下水道はどの地域が問題かなどということもすべて押さえた。市内の道を歩き回り、さらには下水道にももぐって調べた。

そのお蔭で、下水の掃除は台風の季節の前、二月か三月には終えないといけないことも分かった。また道路の問題もかなり解決した。現在も台北市だけはゴミ問題が起きないが、それは私が市長だった時期に、ゴミ焼却炉の造成に着手しておいたからである。

都市計画の問題は、その基礎になるデータをしっかり押さえることが大切だ。一人当たりの所得がどれだけか、生活レベルがどこまできているか、住居の大きさはどれほどか。そういうデータが正確に把握されないと、バス・ステーションの設置も、ガスの設備の問題も、学校の増設も、本当は計画できないのである。

実は、このときに参考にしたのは日本の都市計画だった。アメリカの事例は環境があまりに異なるので参考にならなかった。主に、大阪の例を調べて基本データとして用いた。議会への報告には、「シビルミニマム・インデックス」という指標を示して説明した。これが台湾ではじめてのシビルミニマムへの試みだった。

この「シビルミニマム・インデックス」は、達成された福祉のインデックスを級数の和、つまり数学の記号でいえばシグマなどで表現した。どこに力を入れれば、どこに波及効果が生まれ、どこに別の影響が起こるかが一目瞭然（いちもくりょうぜん）だった。簡単にいえばどれだけの税金をどの分野に用いて、どれだけの福祉がどの分野で増進されたかが分かるようにしてあったわけである。

議会もこの「シビルミニマム・インデックス」に対しては好意的で、「インデックス」をあいだにおいて私たちは細かな議論をすることが可能になった。数字と実際で差が感じられる場合には、予算の分配やウエイトのかけ方を変えて、納得するまで話し合った。こうした方法は、議会を説得するだけでなく、市民にとっても市の行政を理解するのに役立ったのである。

●――アメリカ政治にある理想主義の評価

国内問題に加えて、激しく変わる国際環境に対応するために、台湾は金融や情報産業においても、多くの政策を打ち出している。サローのいう「地殻変動」に対応するには、台湾は国民が一緒になって対策を考えねばならないのである。その具体策は、次章以降に譲ることにして、この章ではもう少し、私の政治哲学に影響を与えたアメリカについて述べておくことにしよう。

現在の台湾が経済発展を進め、民主主義を推進する上で最も参考になるのは、アメリカであることはいうまでもない。アメリカ社会は、移民社会だということもあって、外国から出かけていった私のような人間にとっても、住みやすく清々しいところが好ましかった。しかも、無名の青年があっという間に大事業を達成してしまう余地があるところが、世界の人々を魅きつけてやまない理由の一つだろう。

これらアメリカの特徴は、現在の台湾にもよく当てはまるといえる。台湾も移民社会であり、いくつもの民族と文化の坩堝に他ならない。また、無名の人間が急に登場してきて、とほうもない大きな成功をする余地が残されている点も似ている。ベンチャー企業を興して失敗しても、誰も非難しない。会社を潰すと社会的地位も失いがちな日本とは、この点、かなり違うのである。

その意味で、台湾はアメリカの社会に多くを学び、その自由で開放的な部分を維持すべきであろう。ダイナミックな活力を維持する方法を、私たちは研究しなくてはならないのである。

また、アメリカの政治を無視しては世界政治が分からないという意味でも、アメリカの動きに注目せざるをえない。ヘンリー・キッシンジャーは彼の著作『外交』の中で、アメリカの外交政策も外国とのバランス・オブ・パワー（勢力均衡）で動いていると述べているが、私にはそうは思えない。アメリカの外交はいつも左右に大きく振れていて、その実体はなかなか読みとりにくい。

というのも、アメリカという国の政治は、アメリカ政府とアメリカ議会との緊張関係の中から出てくるからだ。大統領がある方針を決めても、議会の方がまったく異なる方針を打ち出すことがある。しかも、この議会の方針は大統領といえども無視できないのである。

アメリカの現在の対中政策についていえば、政府は、なんとか早く成果を上げようとしているので、どうしてもテクニカルなアプローチで処理しようとする面がある。ところが議会の方は、アメリカの理想主義が維持されていて、自由や民主主義、あるいは人権といった理想を振りかざす面がある。

そのためアメリカの対中政策は、この二つの極を常に揺れ動いて、矛盾しているような印象を与える場合が多いわけである。

とはいえ、アメリカの政治を深いところで支えているのは、やはり議会に現れてくる理想主義だといえる。大統領が強硬に独自の政策を遂行して、新しい局面を開くことはよくあることだが、しばらくすると再び理想主義が復活して、政府の現実主義に歯止めをかけるような動きが生まれる。

私は、このアメリカの理想主義を高く評価する。それは、理想主義が多くの矛盾を抱えた移民社会に不可欠なものであるからに他ならない。人種の違いや文化の摩擦の中で一国を運営する際には、どうしても軋轢を止揚する理想主義が必要なのである。その意味でも、アメリカの政治は台湾の政治のよき見本であると思う。

日本が発揮すべき政治的力量

一方、日本という国も、これまで台湾にとって大切な教師だった。先に触れた都市問題に限らず、農業問題、工業化の方法においても、台湾は日本から多くのことを学んできたのである。

ところが、一九八五年のG5プラザ合意以降、日本は急速な円高の中で、自分を見失ってしまったのではないかと思われることが多い。ことに、経済問題に関する政策決定の拙さについては、国際的な批判もしかたがないだろう。その最大の原因は、私には現在の日本が、アメリカや台湾と異なり、あまりにも世襲制がひどくなったからではないかと思うのである。

この問題は、往々にして日本の社会問題について論じる際に指摘されるのだが、私は、むしろ政治の世界でこそ世襲の弊害が大きいのではないかとみている。たとえば、日本では、無名の若者が国会議員になろうと思っても、いまやほとんど不可能であることを考えれば分かるだろう。そしてまた、現在の国会議員のかなりの部分が、二世と三世に占められていることからも明らかだ。

しかし、戦後のある時期までは、日本には無名の人間が政治の世界でも成功する余地が残されていたし、それが日本社会の活力にもなっていたはずである。政治でも経済の分野でも、戦後の日本の上昇は、そうした無名の新人によって達成されてきた。

ましてや明治時代にまで遡れば、故・司馬遼太郎氏が指摘したように、あたかも「明治という国家」が新たに生まれたと思われるほど、活躍する人間の交代は大胆に大規模なかたちで行われたのではなかったろうか。

私自身、いまでも一番多く読んでいるのが日本の書物である。日本には、実はアメリカにはないような深みがある。学問の世界でも、また技術の世界でも、日本には十分な蓄積がある。その深さが、これからの政治の分野でも、発揮されないはずはないと思うのである。

この問題については、次の第三章、また第六章でも論じるつもりである。

第三章
台湾の「繁栄と平和」の原動力

●——これまで日本経済に学んだこと

現在の日本経済は、多くの難問を抱えて呻吟（しんぎん）している。しかも、そのための経済政策が的確に行われないために、周囲の国々にも悪影響を及ぼすところまできている。私の目からみれば、力がありながら力を出し切れない状態だといえる。

しかし、日本の経済発展は、台湾にとって偉大なる教師だったことは間違いがない。特に、台湾が産業化していく初期の段階は、ほとんど日本が戦前・戦中に残していった工場や道路などのインフラ、経営法や技術などの経済資源だけで開始したといっても過言ではない。

経済発展がどうにか進み始め、産業化の中期になって初めて台湾オリジナルのものが入るようになった。現在になって、ようやく台湾産業の独自性はどこにあるのかということを問題にするようになっている。ことにいまは技術や組織のトランスフォーメーション（変容）が課題だといえよう。トランスフォーメーションの段階にくれば、量的なものよりも質的なものが問われ、台湾独自の考え方が重要になるわけである。

台湾にとって特に参考になったのは、日本の産業化における技術発展のリサーチ（調査）だった。どの産業を、どのような方向に進展させていくかの調査を誤れば、産業構造に大きな歪みを生じさせ、経済発展を阻害してしまう。戦後の日本は、この点において実に巧妙なやり方で成功した。私たちも、技術発展の方向性の検討については、かなり注意深く行ってきたつもりである。

さらに、産業および企業の組織について、多くのことを学んできた。戦後日本はアメリカが採用したような巨大な階層的組織を作ろうとしなかった。そのかわり、核になる組織の回りに衛星のように回る「下部組織」を形成してきた。こうした「下部組織」は、市場の変化に対応しやすく、また品質を向上させるのに有利だった。

日本の場合には、比較的大きな親工場と子工場が「下部組織」を形成してきたが、台湾の場合は、もっと規模の小さいもの同士が結びつくケースが多かった。この発想は、日本の場合もそうであったように、農業における小農経営方式が生かされたのだと思う。

中小の企業を発達させる

また、「小集団活動」と呼ばれる日本的経営も取り入れてきた。メンバーが朝早く出勤して仕事場を掃除したり、仕事の前に朝礼を行ったり、また皆で一緒にスポーツを楽しんで、現場の結束を強めるという方法も採用してきた。

私自身、京都帝国大学に在学していたころ、小農経営を教えられる前に学んだのが、商工経営だった。ところが、この商工経営とはアメリカ流のテーラー・システムやフォード・システムのことであって、巨大なピラミッド型組織を作って分業する方式だった。

これは確かに大量生産には向いているが、なんでも自分のところの工場で作ってしまうので小回りが利かない。内部での情報の流れも悪く、急速な市場の変化に対応できない。さらに最も問題なのが、ファイナンシャル・リスクの管理が非常に難しいことである。すべての要素を抱え込むかたちになるから、うまくいっているときにはいいが、いったん後退し始めるとリスクが重なって大きな損失を出すことになる。

日本が発達させた組織では、たとえば部品の製造は下請け工場に分散しておいて、必要に応じて供給させるから、アッセンブリの中心工場はリスクを負担する必要がない。日本的経営の、最も強い点である。

この方式を進めた日本は、製造業では素晴らしい成果を上げてきた。一方、なかなか巨大組織を解消できなかったアメリカ産業は、七〇年代、八〇年代に非常に苦しむことになってしまった。

台湾は、製造業にとってきわめて有利な日本的な組織を採用することで、急速な経済成長に対応することができた。「下部組織」によって、リスクの少ない効率のよい産業構造を組み立てることができたのである。

産業構造の転換における課題

現在、私たちは国営企業を次第に民営化する方向で経済政策を進めている。すでに、国営はすべて時限付きで民営化することに決定している。たとえば、まだ電力会社は民営化されていないが、すでに電力事業に民間が投資することは許されている。そこで私は、電力会社にも休眠している設備や土地があれば、民間投資を誘導するように勧めてきた。

また、電信電話も民営化することに決まった。最初は政府の「電信局」が事業を行っていたが、電信公司に切り替え、いよいよ民営化に進もうという段階まできた。さらには、銀行についても、これまで政府系の銀行がいくつかあったが、これらもすべて民営化することにした。

私は、自分が農業をはじめとする産業政策を推進してきたためもあって、産業の各分野について「もっとこうしてみたら」、あるいは「ここらへんは、新しいビジネスの芽になる」と思うことが多い。しかし、総統である私や当局があまり口を挟むのは産業の自由な発展を阻害する危険もあるので、細かいことに口出しをするのは控えねばならない。私は「よけいなお世話」になるような行為は避けるべきだと思う。

ただし、現在の台湾において、企業がさまざまなビジネスを考えて取りかかろうとする場合、最も障害になりやすいのは用地や資金、あるいは補助的な技術の問題なのである。こうした基本的な部分での問題解決には、台湾の場合には、まだまだ政府が積極的に援助することが必要だと思われる。

こうした微妙な過程を、非常にうまく行ったのがこれまでの日本であり、台湾は日本から学ぶべきものは多いだろう。ことにいまのように産業が高度化し、クオンティティ（量）からクオリティ（質）への転換が要求される状況下では、戦後日本の経験は非常に貴重になるはずである。

●――「台湾独自」の発展と問題点

日本に多くを学んで発展をとげてきた台湾だが、すべてが日本と同じに進んだわけではない。当然ながら、台湾は台湾独自の問題があり、また独自の解決法も要求された。

一つは、国民性であろうが、従業員の状況に対する反応（レスポンス）が非常に早いことだ。この職場がだめだと思えば、すぐに辞めてしまう。また、投資に関しても同じように反応がきわめて早い。この投資は儲からないと思えば、早めに資金を移動させてしまう。

そこで企業も政府も苦労したのは、従業員の訓練であった。最近は少し状況が変わってきているようだが、日本の従業員はそう簡単に辞めない。一カ所で我慢をしながら技術を身につけるという面が強かった。

一方、従業員の反応が早い台湾の場合は、熟練した労働力がなかなか増えていかない。賃金に対しても、非常に敏感に反応する。政府も従業員教育については、さまざまなかたちで援助を行っていく必要を痛感したものだった。

さらに雇用でいえば、日本でのいわゆる「終身雇用」は根付かなかった。「終身雇用」つまり定着率の高い長期雇用は、反応の早い従業員、反応の早い経営者という条件においては、ほとんど役に立たないのである。

長期的な投資が多くないことと関連しているかもしれないが、台湾には三井・三菱のような大規模な企業体は生まれていない。いまでも、国内売上総額の三二パーセントは中小企業が稼ぎ出している。いま一番規模の大きい企業でも「財閥」とは呼ばれない。せいぜい「グループ」と呼ぶのがふさわしいだろう。

台湾での産業組織は、主に多角化と系列化によって組み上げられてきたが、中心になっている企業がすべてをコントロールするような形態にはなっていない。たとえば、台湾プラスチックは大きく成長した企業である。しかし、同社も財閥のような規模と支配力はもっていない。

こうした組織形態については、台湾政府がとってきた産業政策も大きかった。たとえば韓国の現代や三星などのような、中心企業がコントロールするような財閥が形成されることを許さなかった。

終戦直後には、日本が残していった設備で始まった製鉄や造船などの基幹産業は国営で運営したが、一方、民営で始まった産業はそれぞれが自由に、民間の力で伸びることを期待したわけである。

しかし、こうした産業組織のお蔭で、台湾の企業は自由度が高く、新しい試みに挑戦する柔軟性をもつことができた。こうした台湾産業の特徴は、これからの世界経済の激しい動きに対応するには、むしろ有利に働くだろう。

●――政治における漸進主義の大切さ

台湾の経済が急速に発展する中で、民主化の要求が高まってくるのは当然であった。しかし、政治の難しさは、いくつもの要素が複雑にからんでいるところにある。国民が民主化を願っていることは確かでも、その国民が民主主義が成立する状況の中で生活していけるのか、司法は民主主義を支えるものに変わったのか、あるいは教育は民主主義を推進するために十分に整備されているのかなどなど、問題は多く残されている。

台湾の民主化は、急速に変化する経済状況の中で行われねばならなかったゆえに、まさにこうした複雑な問題と密接な関係にあった。政治的な枠組みだけを民主化しても、内容が伴わなければ民主主義は脆弱（ぜいじゃく）なものになってしまうだろう。

たとえば、一九九〇年に第八代総統に選出されて私が取り組んだのは、「動員戡乱（かんらん）時期」臨時条款を憲法から外すことだった。この「動員戡乱時期」臨時条款とは中国共産党と武力で対決するために国家総動員で独裁制を行うということなのである。

もともと国民党が憲法を公布したのは一九四七年だが、政治的状況が切迫したために、この臨時条款を使って憲法を凍結し、万年国会を維持し、総統は行政院（日本の内閣に相当する機関）を通さずに国家安全会議によって独裁ができるようにした。

しかし、「動員戡乱時期」臨時条款を廃止するにしても、誰が廃止するのかが問題になる。そもそも、この条款を決めたのは国民大会だから、再び国民大会を開けばいいわけだが、その時点での「国民大会」とは憲法凍結によって生まれた万年国会なのである。

この万年国会は一九四七年の第一回選挙で定数三〇四五人のうち二九六一人が選出され、任期は六年だったが、以後改選されず、その構成員は事実上の「万年議員」となっていた。国民大会に、「この条款の廃止を決めてくれ」ということは、万年国会の議員たちに「あなた方の墓穴を掘ってください」と頼むに等しかった。あるいは、「あなたたちが墓場に行くための道路を作れ」ということであろう。

どう考えても説得するのは不可能なことだった。しかし、その不可能なことを実現しなければ、台湾は独裁制からは抜け出せないのである。

考えられるシナリオは、まずこの「動員戡乱時期」臨時条款を削除して、その議員を選出して、それではじめて台湾の国民の声を代表した人たちを集めることによって万年国会を廃止する。そして新しい国民大会の代表および立法院の人たちによって民主化のために憲法を改正する。この場合も、臨時条款の削除が、そもそもの問題になるわけである。

私は国民大会の代表の人たちを一人ひとり訪問して、「リタイアしてください。ついては退職金を出します」「国家のために、一つ考慮してください。時勢はここまできているのです」とお願いして歩いた。六〇〇人以上の代表に直接出向いてお願いした。

いまでもよく聞き入れてくれたと思うのは、実は私を総統に選んだのは国民大会の代表たちだったからである。その総統に「自分の墓穴を掘ってください」と頼まれて、いい気持ちがするはずはなかっただろう。

●民主化への要求と現実とのギャップ

しかし、このお願いの行脚（あんぎゃ）が効を奏して、一九九一年四月に国民大会で憲法改正案が通り、五月には「動員戡乱時期」終了と「動員戡乱時期」臨時条款の廃止を宣言することができた。

民主化を推進するには、民主的な手続きを踏む必要がある。しかも、こうした過程で生まれる摩擦は、すべて政府側のせいにされる。「民主化などといっているが、こんなことしかしていない」あるいは「民主化を進めるといっているが、おざなりのことしかしていない」。しかし、指導者にしてみればそれを強圧的に批判することもできなければ、既得権益をもっている人たちを強硬に切り捨てるようなことも難しい。

こうしたとき、政治には時間が必要なのである。政治の資源は時間である。「時を待つ」ことが大切なのだ。

激しい社会変化の中で民主化の要求をしている人たちにしてみれば、さまざまな制度を変えていけば問題は解決するように思える。指導者が提示する案は、どれも半端なものにみえるに違いない。しかし、急激に制度や法律を変えてしまえば、むしろ社会混乱を引き起こす危険は大きい。

さらに、たとえ要求通りの民主化を実現したとしても、その結果には必ず不満が生まれてくる。「こんなはずではない。政府は本当の改革をしていない」ということになるわけである。

こうした認識のギャップは必ず生じるものだが、私は一つひとつ対処していくしかないと思っている。同情をもって、関心をもって不満の声に耳を傾け、そして必ず具体的な改善案を提示するということが大事である。これを積み上げていけば、このようなギャップは次第に解決するはずだと私は考えている。

時を待つ、そして国民に訴える。国民の声に耳を澄ます、そして改善を行う。その繰り返しに耐えることが、政治家の仕事に他ならない。民主化は、制度を改めれば終わるものではない。それから先の忍耐強い対応が重要なのである。

このとき政治家にとって必要なのは、かつてのような権威主義的な姿勢を捨てることである。一つひとつの問題を、国民に呼びかけ、さらには政治家が国民にお願いして解決することが不可欠なのだ。政治家に「国民にお願いする」という姿勢がなければ、台湾の民主化は不可能であろう。

●――「存在」こそが台湾の外交である

民主化と並んで、あるいは民主化と深く結びついている重要な課題が外交である。もし、台湾外交の舵取りに失敗すれば、民主化の推進はおろか国家と国民の存立も危うくなる。私が微妙な立場にある台湾の外交を続けているので、なにか「極意」のようなものがあるのかと聞かれることがあるが、実はきわめて単純で明快なことでしかない。

それは「台湾が存在している」ということ、「存在しているから、そこに希望がある」ということに他ならない。台湾の民主化も経済的発展も、まず台湾が存在することが大事だということなのである。

台湾が存在するためにはどうするか。一つは、外国との関係を結ぶ。それは正式な外交関係が一番いいのだが、それが不可能な場合には、経済関係を中心とした実利的なものでも有効である。さらに、それすら難しい場合には文化的な交流でもいい。大使館を通じたものでなければ、他の国と付き合えないということはない。それぞれの国のキーマンとの太いパイプをもち、その国の政府や社会を動かしていく。プラグマティック（実際的）に考えれば、多くの可能性が生まれてくるのである。

こうした外交を、私は「務実外交」つまり現実的な外交と呼んできたが、この路線を続ける限り、台湾は「存在」を確保し、「存在」を主張できるのである。

確かに、かつてはビザの発行は国家間の外交がなければ不可能だった。しかし、この問題も「中華民国代表処」あるいは「台湾代表処」「台北経済文化代表処」でも少しも構わない。要は、台湾の「存在」を保証し、「存在」を強化する

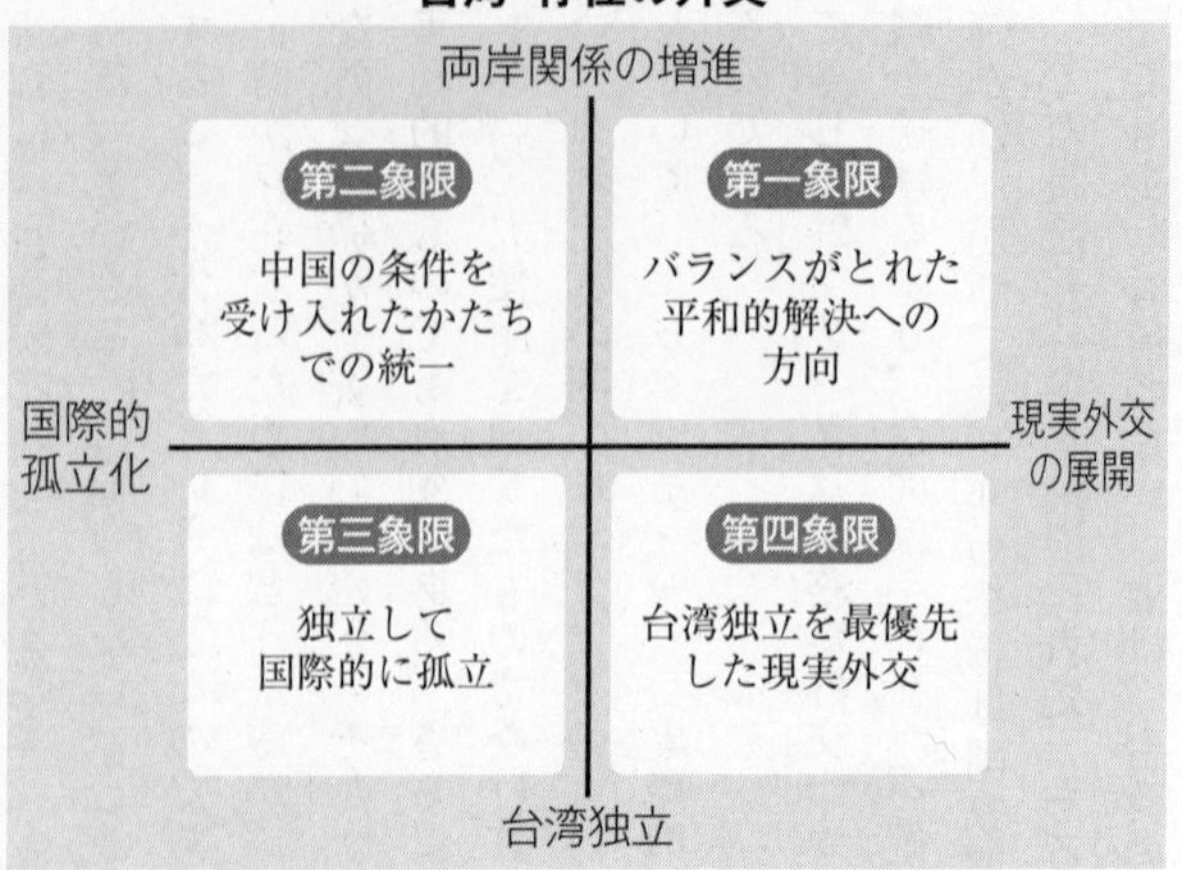

ものであれば有効なのである。

私はこうした台湾の「存在の外交」を、ダイヤグラムで表現してきた。縦軸に中国との関係をとって、上が「両岸関係の増進」、下が「台湾独立」。横軸に外交をとって、右が「現実外交の展開」、左が「国際的孤立化」。このとき、第一象限は「バランスがとれた平和的解決への方向」、第二象限は「中国の条件を受け入れたかたちでの統一」、第三象限は「独立して国際的に孤立」、第四象限は「台湾独立を最優先した現実外交」ということになる。

いうまでもなく、現在の状況で選択すべきなのは「両岸関係の増進」と

「現実外交の展開」による「最もバランスのとれた状況」に他ならない。共産中国による統一や、台湾の国際的孤立などは是非とも回避しなくてはならない道である。

問題は、第一象限と第四象限との差であろう。独立を強調すべきなのか、中国との関係を維持すべきなのか。この選択が非常に微妙なことは確かで、舵取りが実に難しい。国内の世論もこのトレード・オフの線を意識せざるをえない。

しかし、基本的に台湾にとって「存在」が重要であることを確認すれば、あまり悩む必要はない。台湾の安定性を確保し、そのことによって台湾が発展すればいい。結果として、長期的には台湾は内部的にさらに発展し、外国との関係はより多く緊密になる。台湾は、ますます「存在」を強く主張できるようになるわけである。

●——グローバル・スタンダードへの取り組み

こうした外交的な感覚は、経済におけるグローバル・スタンダードにおいても必要と思われる。日本では、一方ではグローバル・スタンダードを崇拝するような傾向があるかと思えば、他方ではグローバル・スタンダードはアメリカン・スタンダードだといって忌避（きひ）する人たちもいるようだ。

しかし、グローバル・スタンダードについて考えるには、もう少し視野を拡げて考えねばならない。

グローバル・スタンダード、世界標準というのはなによりも世界の新しい秩序として把握すべきだろう。しかし、この新しい秩序はいまだに完全には成立していない。

第一に、世界にはまだ共産主義を標榜する国家が存在しており、彼らがこの「別種」の秩序を放棄したわけではないということを忘れてはならない。第二に、自由民主主義の体制になった国々のあいだでも、人種や宗教の問題が解決しているわけではないのである。

さらには、この自由民主主義の社会を作り上げてきたヨーロッパにおいて、今年（一九九九年）には通貨統合が行われて、さらに新しい秩序を作ろうとする動きがあることは注目しなくてはならない。

アメリカが世界に向かって要求しているグローバル・スタンダードとは、自由市場を基礎にした経済と、民主制に基づく政治であろう。しかし、この要求はアメリカが新しい国際秩序形成をアメリカ一極の考え方で進めたいと、提案していることに他ならないのである。このことは、アメリカ自身もまた他の国もしっかりと自覚すべきであろう。

その場合、アメリカは世界新秩序のリーダーとして振る舞うのであるならば、自由民主主義を奉ずる国々に対する思いやりをもたねばならない。そうでなければ、新しい秩序など維持できないということを忘れてはならない。

一九九八年の秋、日本は国会で金融再生法案を審議したが、そのあいだ、小渕総理はアメリカに出かけていってクリントン大統領と会談した。このとき、クリントン大統領は小渕総理に、「いわゆる不良債権で経営不振に陥った銀行に対して、政府は公的資金を注入すべきだ」と述べた。

もし、アメリカがこうした要求を日本にするのならば、アメリカは日本政府の施策に対してなんらかの寄与をしなくてはならないはずだろう。小渕総理は、そのための資金援助をアメリカに要請してもよかったのである。

グローバル・スタンダードが新しい国際秩序の形成である限り、この秩序形成への積極的参加に対しては、リーダーはそれなりの援助をすべきである。それはビジネスにおいても同じことであって、トヨタ自動車の奥田碩（ひろし）社長（当時）は地球環境を考慮したハイブリッド・カーを、まさにこれからの「グローバル・スタンダード」として世界に向けて売っていきたいと考えている。こうした、自らの努力を伴った国際秩序形成への参加が、是非とも必要なのである。

このハイブリッド・カーの世界標準化の試みに、アメリカがどう対応するかということは、これからの国際新秩序がどのようなものになるかを予想させる好例となるだろう。

国際新秩序の中の台湾

ビジネスにおけるグローバル・スタンダードの問題を考える際に、はじめにEC（ヨーロッパ共同体）で起こった分かりやすい例を上げてみよう。

ドイツのある会社が、フランスから「クレーム・ド・カシス」というリキュールを輸入しようとした。ところが当時のドイツには、ある一定量のアルコールを含有するリキュールの輸入を禁止する法律があった。そこで、この取引はお流れになりかけたが、「クレーム・ド・カシス」を作っているフランスの企業は、ヨーロッパ裁判所にドイツを訴えた。ヨーロッパ裁判所は「健康、公正な貿易、顧客保護あるいは財政上の理由を除き、他のEC諸国で販売されている製品を妨害できない」と定めていたからである。

同裁判所は、この訴えに対し「健康、公正な貿易、顧客保護あるいは財政上の理由」の立証義務はドイツ側にあるとし、以後、独仏間には「同じ名前で呼ばれている製品であっても、基本的でない部分の要求事項での差異がある場合、国家規則および産業規格について『相互承認』が必要」とする原則が成立することになったのである。

グローバル・スタンダードを定めている国際機関に参加する場合には、常に同じような問題が起こる。どのような国際標準も、すぐに摩擦なしに通用するものではない。また、参加する方も、参加するからには十分な対応策を考えねばならない。たとえば、近い将来、台湾がＷＴＯ（世界貿易機関）に参加すれば、いくつものオブリゲーション（遵守義務）を負うことになるが、これが現在の台湾にとっては大きな問題なのである。

もともと台湾では、酒類は公売局（専売局）が製造・販売していたものだった。酒類による収入はかなりなものだったが、そのままでは発展しないし、また公売局が仕切っているかたちでは欧米の酒類の輸入が難しい。そこで公売局を整理して民間に任せて税金をとることにした。ただ、海外の酒類が国内に入り込むと、国内の酒類製造は大打撃を受けるのではないかという心配はあった。

ところが、アメリカが台湾に輸出してくるのが、カリフォルニア・ワインであり、イギリスがスコッチ、フランスはブランデーとワインなので、台湾の伝統的な酒類の市場からいえばそれほど大したことがないのである。

問題は、農産物である。ことに豚肉と鶏肉は、そのまま輸入してしまったら農村は大打撃を受けてしまう。私たちはＷＴＯに対して、日本のお米のような扱いにして欲しいと要求しているが、その一方では救済基金を準備している。すでに二一〇億元ほどの累積があるが、これを一〇〇〇億元にまでもっていく必要がある。

●――「虎穴に入らずんば、虎子を得ず」

もちろん、ワインやブランデーにしても、台湾でも製造している。台湾製のワインやブランデーも、多くの努力を費やして製品化してきた。おそらくこうした「地ワイン」や「地ブランデー」は、嗜好品として残ることはできるだろう。しかし、自由貿易になって海外のものが台湾国内に流通するようになれば、いまのようなかたちでは販売できなくなることは確かであろう。

また、豚肉と鶏肉の輸入が脅威だというのは、実はこれらの内臓が問題なのである。台湾料理では内臓を珍重して、おいしく食べてきた。非常に需要が大きくて、養豚や養鶏は内臓の取引を前提として成り立ってきた部分がある。

ところが、アメリカでは内臓はソーセージなどには用いるだろうが、それほどの需要はない。全体からみれば、豚や鶏の内臓は捨てるものなのである。それが大量に台湾にもたらされれば、農村の養豚・養鶏が大打撃を受けることは、火を見るより明らかなのである。

このとき、台湾政府がある程度の補償をしなければ、台湾の農村は疲弊してしまう。農産物の自由化によって、どれほどの衝撃を受けるか、そしてどの程度の救済が必要かは将来の社会変化を見越しながら考える必要がある。

ただし、グローバル・スタンダードに関しては、それぞれの国の事情や政治・経済の力量によって対応は異なってくる。私には、日本がグローバル・スタンダードに反発する必要はあまりないのではないかと思われる。日本は対応するだけの力を十分備えているし、また、アメリカへの反発をしたところで、当面の政治・軍事の問題を考えれば得策ではないだろう。

むしろ、日本はグローバル・スタンダードの内側に入ってしまって、逆にリードしていくことを考えた方が有利である。「虎穴に入らずんば、虎子を得ず」。日本は、国際社会に積極的に出ていって、自国の要求をすべきなのである。日本は、虎穴に入ってこそ強くなれるだろう。

台湾の場合、工業の調整はそれほど難しくないと思う。難しいのは農業の調整であろう。この点、私たちは注意深く準備をして、できるだけ早く同じ基準に到達できるようにしたいと考えている。

未来を拓くのは教育

台湾人は、もともと教育熱心な国民である。最近まで台湾は、中央政府予算の一五パーセントを教育と文化に回すことを憲法で定めていた。この条項の修正を行って一五パーセントという数字を外したところ、反対と抗議のデモが起こった。教育への投資を減らすとはなにごとか、というわけである。

この一事をみただけでも、台湾人の教育に対する熱心さが分かるが、ただし一五パーセントという数字を外したのは、教育・文化費を減らすためではなく、もっと予算に弾力性をもたせるためだった。

現実には、台湾のGNP（国民総生産）が急速に伸びたために、教育・文化への投資は膨大なものになっているし、一五パーセントを外した後でも、年度によってはこの数字を上回る金額が使われているのである。現在、このような膨大な費用を教育にかけている国は他にありえない。

しかも、この数字は中央政府の予算に占める割合だが、地方政府もまた多くの予算を教育に回している。中学生以下の教育費はすべて地方政府が賄（まかな）っているわけだから、台湾全体で考えれば、かなりの先行投資といえるだろう。

さらに現在、学校の教科書、教員、施設を拡充するために、一七五〇億元ほどかけて教育改革を行おうとしている。

この改革の一つは、言語教育である。たとえば英語でも、中学生になってから教えたのでは十分にはものにならない。脳にある言語脳が発達するのはもっと若いときだから、早くから二カ国の言語を教育すれば脳の発達も違ってくるが、ある程度でき上がってからだと、二つの言語を司る部分のつながりがなくなることが明らかにされている。

小学生のときから、台湾語と中国語そして英語も教えられるようにすれば、コミュニケーションと発想が非常に自由になる。

そのための人員としては、若い人たちを大量に採用するつもりだ。リタイア直前の先生方は給料が高い。若い教員の給料は安いから、その差額分でリタイア直前の先生たちに多く退職金を払ってリタイアしてもらう。こうして教育の方法と人材を、新しい時代に即応できるものに変えてゆく。

さらに教育改革の中には、「魂」の教育の推進がある。台湾では「心霊」というが、だいたい日本でいう「こころ」のことといえば理解してもらえるだろう。これからの台湾では「こころの教育」が是非とも必要だと私は考えている。というのも、台湾は確かに以前より豊かになり、また民主化も進展しているが、それと同時に、社会にはさまざまな逸脱した現象も多くなっているからである。先進諸国にも顕著にみられることだが、豊かになった社会には逆に「こころの不安」や「こころの腐敗」が生まれてくる。ことに自我意識の高まりに伴って、社会に対する責任感が希薄になる。台湾も決して例外ではない。

さらには、経済活動の進展は、社会に功利主義的な考え方や投機的な心情をはびこらせ、民主社会に不可欠である相互寛容の精神や相互尊重の気持ちを失わせる危険がある。私たちが誇りとしていた伝統的文化にある美徳、たとえば勤勉・倹約・誠実・互助精神が、名利や権勢あるいは富を追い求める欲望に圧倒されてしまうのである。

私はこうした「こころの危機」に対決するため、「こころの改革」を提唱している。これは「人」を基本に据えて、教育改革、行政改革、社会再生、文化振興など各種の措置を進め、社会構造の健全化、社会的正義の顕彰、倫理の再生を図ろうとすることに他ならない。この改革によって、伝統と現代、精神と物質のあいだのバランスのとれた発展を目指そうとしているのである。

教科書を作り直す必要がある

さらに、現在は中学校から高等学校に入る際の入試が負担になって、問題になっているので、二年後にはこの試験をなくしてしまい、中学・高校の一貫した教育システムに変えることになっている。

将来、中学校から高等学校に進学するときには試験がなくなるが、もし途中で高等学校に行けなくなっても、職業学校に入れるようにする。と同時に、職業学校で学んでも、大学に進みたければ、それが可能なかたちにしておく。

これも、人間の発達というものは個人差があることを考慮した上での計画である。早熟な子供もいれば、ゆっくりと成長していく子供もいるのである。それぞれの場合にどのようにでも対処できなければ、適切な教育は不可能であろう。

教育についてはもう一つ、教科書の改革が必要だと痛感してきた。私は副総統時代に、小学校と中学校の教科書すべてに目を通し、これは問題だと思い続けてきた。国語、数学、歴史、その他の教科書をすべて読んで愕然とした。

たとえば国語の教科書には、諸外国における偉大な人物の名前が一つも出てこないのである。ジョージ・ワシントンもなければ、ニュートンやアインシュタインも登場しない。これでは、国際的な視野をもった国民など生まれるわけがない。

さらに算数の教科書は、子供たちの身になって作られていない。なかなか先に進まないかと思えば、突然、程度が高くなったりするのである。私は担当の先生方に会ってクレームをつけた。

「この教科書では、生徒は苦労する。四年生まではいいとしても、五年生からいきなりジャンプしている。これでは四年まで算数が好きでも、五年になったら嫌いになるだろう」

先生方は、私が細かいところを指摘したのではじめは驚いたようだったが、「総統、実はその通りなんです」と同意してくれたものである。

また、歴史の教科書もこれからは中国大陸からやってきた国民党の歴史を教えるのではなくて、台湾そのものの歴史が書いてあるものでなければならない。先住民が住んでいた台湾に、何度にもわたってさまざまな人たちが移住し、現在の台湾を作り上げてきた歴史が十分に描かれていなくてはならないのである。

古い時代の史書に登場し、やがてその存在を明確にしてゆく過程。十五世紀になって中国大陸の明朝の影響を受け始め、十六世紀には「台湾」という名称が使われ始めたこと。ポルトガル人が台湾を「フォルモサ」つまり「美しい島」と呼んだこと。鄭成功が台湾を拠点に明朝再興を試みたこと。

そしてさらに、その後もさまざまな人たちが台湾にやってきて台湾の住民を構成し、清朝時代を迎え、一八九五年から一九四五年までは日本の統治下にあったことなどを、バランスよく教えられる教科書にしたいと思う。ことに、戦後の台湾の複雑な経緯は、すでに「二・二八事件」を知らない世代が政治の表舞台で活躍するようになったいま、しっかりと学べるものにしたい。

民主化への絶対条件＝司法改革

台湾の政治的な改革については、すでにいくつか述べてきた。しかし、世界標準の民主化に向けてどうしても取り組まねばならないのが、司法の改革である。

民主国家は同時に法治国家である。法律が整備されていなければ、そこには行政や権力者の裁量が無制限に入り込み、民主化は頓挫（とんざ）してしまうだろう。

おそらく、これまで台湾がどのような司法制度をもっていたかを知れば、先進諸国の法律学者は驚くことだろう。法律にはさまざまなものがある。たとえば民事訴訟法だが、訴訟法のもとには膨大な施行細則があるのが普通だろう。ところが、台湾の約六四〇条の民事訴訟法には、施行細則はたった一二条しかなかった。

これに「民事訴訟案件應行注意事項」が八〇条もあるといった調子である。そのため、これまで私がこの方式を改正するといっても、同意してくれる人は多くなかった。このままの方が裁量の余地が大きく、勝手なことができるからである。

しかし、この裁量が裁判でも発揮されるようになっては、もはや司法の体をなしていないことになるだろう。裁量は注意事項に基づいて行っているのだから、国民の声が入っていない。国民は相変わらず、尊重されていなかったのである。

台湾が民主化といい、さらには「台湾経験」を主張するには、どうしても司法の改革は必要だ。教育の改革が個人の改革なら、司法の改革は社会の改革であろう。いずれを欠いても、台湾の民主化は進まないし、また、未来も拓かれていいかない。

しかし、どの国の場合もそうだろうが、司法の世界とはなかなか動かないものである。私がいくらいっても、司法の世界の人たちは変わろうとしない。「反対が多くて、無理でしょう」という返事だけが返ってくるのである。

私は「反対する人がいても、構わない。反対意見はすべて聞いて、一冊の本にしてもいい。ただし、その中にもコンセンサスはあるだろう」と言っている。

一九九七年の憲法修正も、反対する人は多かった。私は九六年に総統に再選されてから、国家発展会議を各県のレベルで開いて、賛成も反対も自由に言ってもらった。それを中央に上げて、本会議の前に事前会議を行い、そしてコンセンサスを得たものを本会議に出した。コンセンサスのないものは、個人の意見としてすべて記しておいた。こうしておけば、反対している人たちも、議論に加わってくれるわけである。その結果、コンセンサスが形成されたものだけを実行することにして、先に話を進めていくことができた。

司法の改革も、反対意見だけを強調していたのでは、少しも前進しない。しかし、台湾はもはや現在の司法システムでは間に合わない時期に来ているのである。

●――インフラの整備とさらなる改革

そして、台湾の経済的発展を継続するには、社会資本の整備を忘れるわけにはいかない。先にも少し触れたが、電力関係の事業の視察をしているときに、放置されている大きな設備を見つけた。調べてみると、この設備はすでに十年以上にもわたって稼働していないことが分かった。必要なくなっていたからである。

しかし、私の考え方では、電力関係の設備としては必要なくなっていても、関連事業に転用できるかもしれない。立地条件からしても、十分に有利な事業展開ができそうだった。私は、さっそく関係者に連絡をとって、この設備と土地の有効利用を働きかけた。

いま台湾の企業が苦慮しているのは、有利な立地条件にある土地を見つけることである。急速な発展によって、条件のよい土地は、ほとんどが使われていると考えてよい。ところが、意外なところに盲点があり、すでに役割を終えた産業が、いまだに居座っている土地が存在するのである。

この点、積極的に動いているのはたとえば台湾糖業公司であろう。台湾糖業公司は国営だが、現在はサトウキビの栽培はあまり行われなくなってしまった。しかし、土地だけはおよそ五万町歩確保しているから、そのうち一万八〇〇〇町歩をオープンにした。

私は労働者の宿舎の増設を提唱して、一坪六万元で住宅を売りたいと発表した。このとき呼応したのが台湾糖業公司で、この合弁事業は実にタイミングがよかったのである。

ところが、建設業者は「われわれの作った家が売れないでいるのに、こんなに安い家を供給されたら困る」と言い出した。確かに、そのことだけをみれば建設業者は困るだろう。しかし、こうした事業を興せば、全体としては建築業も潤うわけだから、最近は反対する人もいなくなってしまった。

こうした事例からも明らかなように、社会資本といってもその段階ごとで必要とされるものが変わってくる。そこで政府が行うべき政策も、常に先を見越して状況を読まなければならない。まだまだ、台湾の場合は、民間だけの発展に委ねて静観しているわけにはいかないのである。

第四章 いま中国に望むこと

●——中国の二十年後を見据える

現在、中国が激しく変化していることは確かだろう。過去二十年間の経済成長と部分的な対外的開放を行って以降、中国の人々は幸いなことにあの文化大革命の恐ろしい災厄から次第に離れつつある。

その結果として、物質的な面でかなりの向上があり、また精神的な面でも少しゆとりが生まれつつあるのは喜ばしいことだと思う。その点について、私は現在の中国を評価するのは吝かではない。

しかし、急変する国際情勢の観察と同様に、発表された個別的な事件や公開された統計的なデータ、あるいは遊びに訪れた観光客の印象とは別に、私たちはもっと総合的に中国の情勢を把握しなくてはならないのである。

中国の人々が、豊かになりまた平和になったという話は、それ自体としては好ましいことだが、しかし、過度な楽観や思い込みで観察したり、逆に極端な悲観と誤った情報で絶望的な気持ちになるのも避けねばならない。私たちに必要なのは、中国の現実と台湾の現実を、冷静にみて比較することなのである。

現在、中国に起こっているのは構造的な変革であり、しかもその変革が曲がり角に来ている。というのも、中国の変化が激しいものであることは確かでも、根本からの変化かといえば、必ずしもそうだとはいえないからである。

中国は経済的な生産は上昇しているが、政治的にはいまだに中国共産党の一党独裁体制に支配されている地域であることは変わっていない。少数者の権威主義的かつ独裁的な支配は続いている。そしてまた、中国共産党がその体質を根本的に改革したというわけでは決してない。

政治的には左だが、経済的には右であるとか、あるいは政治的には共産主義だが、経済的には市場経済だというような制度には、基本的に重大な矛盾が存在している。生活が少しでもよくなれば、国民は一時的にはそこそこの満足を覚えるが、これから生まれてくる混乱は、この基本的矛盾を解消しない限り抑えることはできなくなるだろう。

その意味では、中国は間違いなくこの二十年の量的な変化を経て、いまやついに質的な変化への関門に辿り着いたということができる。アメリカなどの予測では、中国はこれから二十年をかけてこの矛盾と対決し、やがては活路を見出すことになっている。しかし、それは可能だろうか。そして、可能だとすれば、どのような条件が求められるのだろうか。

課題の多い中国の転換

海峡のこちら側からみれば、その転換はきわめて困難なもののように思われる。アメリカは二十年と踏んでいるが、このままではそれ以上の年月が必要であろう。そして転換したからといって、すべてがうまくいくわけでないことは、この十年あまりのロシアの例をみれば明らかなのである。

これからの中国は、この構造転換を遂行するために、どのような課題を抱えているかをみてみることにしよう。

まず、第一に、いま中国は非常な不確定性を孕んでいる。この不確定性を解消しなくては、根本的な転換は不可能だ。たとえば、制度的な矛盾からくる不確定性、民主化が進んでいないための不確定性、法治ではなく人治の支配による不確定性などがある。

これらの不確定性は、中国共産党における政策決定の不確定性を意味するだけでなく、当局の能力を超えたところでの不確定性をも生み出す危険がある。アメリカは当局の能力の範囲外での混乱を未然に防ぐために、外交努力や経済的援助によって中国内外の安定性を高めようとしている。その努力は無駄にはならないと思うが、しかし、決して効率的なものとはなりえない。

また、第二に、いまの中国が直面する構造的変化は、規模において未曾有のものだということが指摘されるだろう。なにより中国には広大な大地が広がっている。人口もきわめて多い。問題は文化的・社会的に多様性をきわめ、その根はきわめて深い。

規模の大きさだけを考えても、問題が短期間で片づくと考える方がおかしいだろう。どうしても長期の改革が必要であり、しかも、急速な外的変化を考えると、猶予は一刻も許されない状態であるといえる。

さらに、第三に、周辺諸国とのきわめて不安定な関係が問題だろう。中国の人々の福祉を考えれば、国際的摩擦は避けるべきであり、ことに台湾との関係で緊張が高まれば、ようやく緒（ちょ）に就いた経済的繁栄も揺らぐ恐れがある。したがって、中国としても両岸関係の処理にあたっては、十分に慎重に臨まねばならないだろう。

●──急がずに、忍耐強く関係改善

こうした現状認識に基づけば、私たち台湾がこれからとるべき進路はそう難しくはない。要するに中国と台湾を比べた場合、中国は巨大ではあっても閉鎖的で、専制的な体制がまだ続いている。豊かになりつつあるとはいっても、それが国民すべてに行き渡るには巨大すぎる。しかも、政府は覇権主義的かつ闘争的で、私たち台湾に対して常に牙を剝き出しているような状態だ。

対照的に台湾は、決して大きくはないが、しかし、経済的繁栄を行き渡らせ、開放的で民主的な体制を作り上げつつある。多くの国際関係を確立し、平和的な手段で国際的な地位を築いてきた。さらには将来に対しても積極的な態度で臨もうとしている。

将来、もし中国の台湾に対する敵意が消滅し、また中国の不確定性が減少すれば、私たちの政策も大きく変わる可能性もあるだろう。しかし、現状においては「急がずに、忍耐強く」という姿勢がまず必要なのである。

この点は、周辺の他の国々も同じように考えていると思われるが、重ねて中国は不確定性が高いことを指摘しておきたい。

台湾はすでに「漢と賊は並び立たず」という発想を放棄している。つまり、漢は国民党で賊は共産党だから、われわれは賊を相手にしないし、賊は破滅するのがいいという考え方はやめてしまった。中国全体の「プラス・サム」を模索しようというのである。

もし、両岸のあいだに、実際的に改善すべきことや、また協力できることがあれば、積極的に台湾は取り組む姿勢を示し、具体的な提案も多く行ってきた。たとえば、「指導者の会見」「国際協力」「域外輸送センター」「文化交流」「農業協力」「国有企業の改革」などである。

残念ながら、こうした善意の提案は、その後ほとんど実現するには至っていない。中国政府はいまだに闘争的な態度を崩さず、自分たちの考える「一つの中国」に固執して、この枠組みに編入せしめるか、あるいは台湾が独立を強行しようとしているという根も葉もないキャンペーンを展開する。

そのため、台湾が有するに至った「プラス・サム」の発想は生かされず、私たちとしても「急がず忍耐強く、穏やかに遠くまで」の方針を余儀なくされているのである。

私はあるアメリカの中国専門家が来たときに、「私は私たちの『一つの中国』政策を、あなた方が維持することを望む」と申し上げた。ここで大切なのは「私たちの」という部分であって、「中国の」ではないことである。

アメリカが「私たちの『一つの中国』政策」を進めるのは構わない。しかし、「中国の『一つの中国』政策」に易々とのってもらっては困る。そしてまた台湾が「独立運動を行っている」などという情報に基づいて、台湾政策を推進すれば間違えることになるだろう。

「一国二制度」は明確に拒否

こうした私の考えを率直に表明したのが、一九九七年七月二十二日の「国家統一委員会」の閉幕談話だった。少し長くなるが、歴史的なものとなるので、その一部を引用しておきたい。

「われわれはここに重ねて、中国は統一されなければならないが、統一は全中国人の利益を考慮したものでなければならず、同時に世界の潮流である民主・自由・均富の制度に合致したものであって、すでに実践の過程において失敗が証明されている共産制度、あるいはいわゆる『一国二制度』によるものであってはならないと考える。

以上のことから、われわれは次のことを強く確信しながら主張する。

第一、共産制度あるいは『一国二制度』による統一は、全中国の民主化にとって不利であり、大陸同胞の民主的な生活を享受したいとする願望をさらに遠のかせるものとなる。

第二、民主制度による統一によって両岸の三つの地域（大陸、台湾、香港）の力をまとめてこそ、地域の安定に有益となるのである。ひとたび専制によって統一され、閉鎖的な中国となったなら、それは必然的に周辺諸国の不安を惹起し、アジアのバランスを崩し、アジア太平洋地域の平和と安定に脅威を与えることになる。

第三、民主制度の全面的施行によってこそ、法治主義の構造と透明化された運営ができ、両岸の相互信頼を増進し、さらに双方が確実に協議内容を遵守し、双方の利益に結びつく新局面を開拓することができるのである」

ここで私は、中国の共産主義と資本主義の共存が可能だとする「一国二制度」を拒否した。中国が抱いているこの考え方には、根本的に矛盾があり、また私たちが目指すものとは、あまりにかけ離れているからである。

中国への六つの主張

さらに私は目指すべきものを提示した。

「われわれはさらに一歩進んで主張する。

第一、将来の中国は一つであるが、現在の中国は『二つの分断された中国』である。中華民国は一九一二年に成立し、一九四九年以降は台湾に移転しているが、中共政権の管轄権が台湾に及んだことはいまだかつてない。台湾海峡両岸が二つの異なる政治実体によって統治されているのは、否定できない事実なのである。

第二、中国の再統一は段階的に水が高きより低きに流れるごとく行い、時間的な制限を設定してはならない。大陸地区の民主化と両岸関係の発展が、『平和統一』の進展を決定するものとなるのである。

第三、統一の前において、台湾における中華民国の国民は、十分な自衛の権利をもつべきである。これは二一八〇万住民の生来の権利であるとともに、同時に台湾地区の民主化の成果を守るものでもあり、それが中国の民主化促進にとって必要な力となるのである。

第四、統一の前において、台湾における中華民国の国民が生存し発展するのは根本的に必要なことであって、五〇年代、六〇年代と同様に国際活動に参加する十分な権利を保持し、両岸の住民が平等な機会を得てともに国際社会に貢献しうる力とならなければならない。

第五、海峡両岸は交流を拡大し、両地域の繁栄を増進し、さらに協調をもって対立に代え、互恵の関係によって敵意を解消し、将来の平和統一にとって有益な基礎を築かねばならない。

第六、海峡両岸は対等と相互尊重の原則によって十分な意思の疎通を図り、共通点を見出し、分治された中国の現実を出発点となし、両岸の平和協定を協議するとともにこれを批准し、敵対状態を終結させ、両岸双方の協調体制を促進して

●──「台湾経験」の本当の意味

このように、私が台湾の成果を基礎として論じているのは、台湾が昔から自由民主主義の国だったからではない。そうではなくて、台湾が戦後のこの半世紀のあいだに、次第に現在ある政治・経済・社会を築き上げてきたからこそ、私たちの経験を述べようとするのである。

台湾に中華民国が移転してきたときには、台湾は豊かでもなければ、平穏な地域でもなかった。もちろん、国民党が当初行った政治は強権的で独裁的といえるものだった。「白色テロ」が横行し、国民党とともに中国大陸から渡ってきた外省人による、当時台湾に居住していた本省人への弾圧があった。

しかし、その後、経済的な進展を実現し、社会的にも安定した状況を生み出し、そして政治的にも総統の直接選挙に象徴されるように、民主化を推進してきたのである。

現実的にみて、中華民国は台湾において経済、社会、政治の発展を実現し、その成果を蓄積してきたことは明らかであろう。この過程は、中国からみて、いかなる外国の経験よりも参考とする価値のあるものに他ならない。

すでに第一章でも触れたが、中国人の文化や社会制度が中国社会の進歩を遅らせた面はあるものの、それがすべてではない。それどころか、中国人は経済的繁栄を実現しながら、同時にしっかりした足取りで民主化への道を歩むことが可能なのである。台湾はその証明を見事にしてきたといえるのである。

そこで私が中国に向かって言いたいのは、私たちのこうした経験は中国の人々も思いあたることが多くないだろうか、ということなのである。そして、中国が現在目指している方向に根本的で深い矛盾があることも、台湾をよくみることによって気がつくはずなのである。「台湾経験」すなわち「台湾モデル」とは、単に台湾のためだけのものではない。中国人すべてのものであり、将来、統一された中国のモデルに他ならない。これが、本当の意味での「台湾経験」であり、私が強く主張したいことなのである。

したがって、私たちは中国当局が強圧的に主張してきた「一つの中国」論にはまったく同意できないが、現在進行している部分的な社会の末端の民主化実験については、成功することを願ってやまない。

さらに中国が政治改革を推進して、民主化の幅と深さを拡大し、中国の人々がなお一層知恵と能力を発揮し、多元的な開放された近代社会に向かうことを強く希望しているのである。

●――「静かな革命」の本質

もちろん、台湾に比べて中国の方が問題は大きく深いことはいうまでもない。そのことは何度も述べてきた通りだ。私たちが変革前に直面した問題は、中国の抱える問題の多様さ、複雑さ、深刻さには及びもつかないことは認めざるをえない。

しかし、問題が大きければ大きいほど、深刻であればあるほど、誤った路線の行き着く先は悲惨なものとならざるをえないだろう。そして、誤った路線が破綻したとき、その影響は周囲のアジア諸国を巻き込む大惨事となる恐れがある。

台湾の改革の過程を思い出してみよう。

現在の台湾政府が大きな成果を上げているのは、台湾の歴代の政府に、卓見（たっけん）と企画力があったからだ。もし、根本的に誤った方向へ進路を向け、当時の問題に対処できなければ、いまの政府の政策も推進できなかっただろう。そしてまた、そうした歴代の政府が採用した政策に国民が賢明に呼応しなかったならば、現在の政治の基盤である民主的な国民も存在しなかったのである。

台湾人はある意味で「生まれ変わった」ということができる。独裁的な政府のもとの無力な国民が、民主的な政府のもとの活力ある国民に変貌したのである。しかし、これは半世紀をかけた、段階的な過程を経て達成されたことを忘れるわけにはいかない。急に今日思いついて、すぐに明日には実現するような問題ではない。暴力的な革命によって、一気に決着がつけられるようなプロセスではないのである。

いまから振り返れば、台湾が経てきたプロセスは革命的であったが、半世紀の時間が必要だった。そしてまた、私自身が深く関わることになった、この十数年の急速な構造変化もまた「静かな革命」であった。

この革命は、およそ四つの方向への地道で着実な努力に他ならなかった。第一に、政治の民主化、第二に、外交の現実化（現実的な外交）、第三に、両岸関係の展開、最後に、経済のグレードアップ。

「静かな革命」において明らかになった新しい経験は、民主化・外交の現実化・両岸関係の三つである。

それまでは、台湾は経済分野における発展がなによりの課題だった。経済をグレードアップしていけばなんとかなるという思いがあり、それはある程度までは正しかった。しかし、急速な国際環境の変化、そして中国での新しい動きの中で、政治のウエイトが非常に高くなっていったわけである。

おそらく次の世代にとっての課題は、右に示した三つの分野に、どのように対処していくかだと思われる。私は自分たちの世代が、どのようにこれらの問題を受け止め、そして対決してきたかをなるべく詳しく記して残しておきたいと思う。それが台湾のみならず、中国人の未来に大きく関わっているからである。

第五章

いまアメリカに望むこと

●──アジア世界の十字路＝台湾

現在の台湾の位置を端的に示している事実として、外国人労働者が非常に多くなっていることが挙げられる。おそらくは、二〇万人以上にのぼるものと推定されているが、その多くはタイ、マレーシア、インドネシア、フィリピンなどから来ている人たちである。さらには、ミャンマーやバングラデシュからも、それほど多くはないが台湾に入国して働くようになっている。

それぞれ家族が五人だとして、単純計算で約一〇〇万人のアジア人の生活を、台湾は支えていることになる。ニカラグアからも八〇〇〇人ほど働きに来るし、パラグアイあたりからも、青年が来ているという話を聞いた。ラテン・アメリカとの縁もさらに深まることになるだろう。

台湾は現在、外国人労働者を受け入れる体制をとっている。そのために入国審査、入国期間の問題、身体検査、国民保険への加入など、さまざまな制度的整備も進めている。これまで、労働目的の入国は二年間だったが、最近になって最大限三年間まで認めるようにした。

アジアやラテン・アメリカからの入国者の場合には肉体労働者が多いが、その一方、アメリカからは弁護士や会計士さらには英語の教師など、知的労働者も来るようになった。知的労働の場合は制限があったが、アメリカ商務省の要請もあり、ある程度オープンにする方向で制限を緩和している。こうして入国する人の中には、中国語を学ぶのが目的で英語の教師になる人もいるという話もあり、入国目的を細目にわたって分類することは不可能になりつつある。

また、社会主義体制を脱して、市場経済の導入に余念のない東ヨーロッパの国々に対しては、民間のレベルで人材育成に協力したり、台湾の経済発展について調査する人たちも受け入れている。金融のための人材育成などは、基礎がない国ではなかなか難しいから、台湾にきて実習を受けている人たちも多くなってきた。

こうした状況になれば、台湾の存在は、国連の代表権や主権といった問題以前に明確になりつつあるといえよう。これからの国際関係は、こうした現実のつながりの中で強化していくことができると私は考えている。

台湾は、一足先に経済発展をとげた国々と、これからようやく経済に力を入れていこうとしている国々とのあいだに立って、さまざまな面で橋渡しや仲介をする役割も次第に果たしつつあるのだ。台湾はいわばアジア世界の十字路であり、世界各国をつなぐブリッジなのである。

●―アメリカの台湾政策の底流

こうした台湾の存在感の増大は、中国にとって台湾政策の再考を促すだけでなく、多くの国々に対しても大きな刺激を与えている。ところが、最近のアメリカの態度が曖昧にみえるため、海外でも台湾の未来に期待する人たちが、非常に心配してくれている。

『文藝春秋』一九九八年十月号で杏林大学教授の伊藤潔氏と対談した際も、伊藤氏は「クリントン大統領が台湾に関する『三つのノー』、三不政策を表明した」ことについて、非常に憂慮されていた。

つまり、「二つの中国、一中一台（一つの中国、一つの台湾）を支持しない」「台湾の独立を支持しない」「台湾の国連機関への加盟を支持しない」という「三不政策」を、訪中の際にクリントン大統領が認めたのは、台湾の存在を脅かすのではないかというのである。

私は、基本的にはアメリカという国を信頼している。アメリカは、国民党の歴代の指導者を支持してきただけでなく、台湾の存立を非常に重大な政治案件として考えてきたことは紛れもない事実である。

アメリカは七九年に中華人民共和国を承認し、台湾との国交がなくなったが、このとき同時に「台湾関係法」という国内法を制定して、台湾の現状維持と安全に十分な保障を与えた。この「台湾関係法」には、台湾海峡になにかが起こった場合、アメリカは台湾を守らねばならないと明記してある。

したがって、九六年のように中国が台湾海峡でミサイル演習を始めたような場合には、アメリカは見過ごすことができないのである。

すでに触れたように、アメリカの対中政策は、そのときどきの政権とアメリカ議会との関係で微妙に揺れるのが普通だ。そのことはアメリカ自身がよく分かっているから、このたびのように「支持しない」と発言したとしても、台湾がこれまでとってきた政策に対して「反対」だとは宣言しない。今回の訪中においても、クリントンが談話として語ったが、それを明文化することはなかった。

事実、訪中前にもスーザン・シャーク国務次官補代理から台湾の駐米代表に事前説明が行われたし、またクリントン発言があってからも、アメリカはブッシュ米国在台協会（米国の対台湾外交窓口にあたる）理事長を「三不政策」の説明のために台湾に派遣した。クリントン大統領の発言は、これまでの政策の変更を意味するものではないのである。

そしてさらには、クリントン大統領が帰国してから、アメリカ議会は大統領に対して激しく攻撃し、説明を求めたのである。このアメリカ外交の手続きは、私が予想していたものと寸分たがわないもので、むしろアメリカ外交の健全さを示すものといえた。

しかも下院はクリントン大統領の訪中前に、中国に対して台湾への武力放棄を求める議決案を四一〇対〇で通過させ、訪中後にも上院と下院がそれぞれ九二対〇、三九〇対一でアメリカの台湾に対する承諾と支持ということを重ねて強調している。

ブッシュ政権時代の駐中国米国大使ジェームズ・リリーは、クリントンの曖昧な態度を、「お子さま外交」と批判しているが、私は伊藤氏に「クリントンを批判する必要はない。肝心な点は外さないでいる」と申し上げた。多少の振れはあっても、肝心な点を外さないことが、外交というものなのである。

●――多重的なアメリカとの関係

さらにいえば、私はアメリカが中国に本来的に望んでいるのは、台湾のような方法で自由化・民主化して、安定した勢力になることだと考えている。しかし、そうなるまでには時間がかかるから、現在のような状態でも、ともかく中国に「エンゲージメント（関与）」して、中国を国際秩序に従わせる必要があるわけだ。

アメリカの思惑通りになるかどうかはともかくとしても、アメリカにとって現在必要なのは安定である。中国があらぬ方向に突っ走って国際秩序を揺るがし、アメリカにも多大の影響を及ぼすというのが最悪のシナリオだろう。したがって、アメリカはどうしても、矛盾したようにみえる外交を行わざるをえないのである。

アメリカのこれまでの対中・対台政策をみても、政府と議会では考えが違うし、また、それぞれの省によっても姿勢が異なることが分かる。これは、ちょっと考えてみれば当たり前のことである。

すでに指摘したように、アメリカ議会は伝統的に台湾に対して同情的だ。また一般のアメリカ人の台湾認識も、自由と民主を主張してきた政権は国民党の方であり、自由と民主を実現してきたのも、また人権について認識が高いのも台湾であると認めている。

しかも、アメリカ政府内部にも、それぞれの事情というものがある。ある省は台湾を疎遠にし、ある省は戦略的に台湾を大事にして、中国とはどうしても握手をしない。

これも当然のことだろうと思われるが、こうした多重的なアメリカとの関係を私たちは十分認識しているし、またそのための情報収集もおこたらない。

民間レベルでの緊密な絆

こうした、アメリカ政府とのつながりも大切だが、忘れてならないのが、蔣介石総統時代以来のアメリカ要人とのつながりである。蔣経国総統の死去の際には、二日後にロックフェラー四世が弔問にやってきた。

そのときから、私は彼と個人的にも友人になった。周知のようにロックフェラー四世は日本で学んだことがあり日本語が話せるから、私と同じく英語と日本語をチャンポンにして会話をすることができるのである。

また、彼の本拠地はウエスト・バージニアだから、台湾とロックフェラーの会社でジョイント・ベンチャーを行って、小さな飛行機工場をそこに設立した。ウエスト・バージニアは豊かな州ではないから、この工場で九〇〇人ほど雇用できたのは、大きな地域貢献にもなった。

アメリカの他の地域でも、私たちはプラスチックやマイクロ・エレクトロニクスのジョイント・ベンチャーを試みている。そのお蔭で、アメリカ各地の上院議員や下院議員と意見を交換する機会ができた。こうした地道な人とのつながりが、さまざまな局面で生きてくることはいうまでもない。

さらに文化的レベルでも、積極的にアメリカとの絆を作り上げてきた。たとえば、シスター・ステイト（姉妹州）やシスター・シティ（姉妹都市）がいくつもある。私は台北市長の時代に、アメリカのメイヤーズ・コンファレンス（市長会議）に招待されたことがあったが、外国の市長を招待したのは、それが初めてだった。それ以後、私はアメリカ各地の市長たちとの関係を大切に育ててきた。

現在、私たちが試みているのは、アメリカの若い人たちを台湾に招待して、台湾について勉強してもらおうというプロジェクトである。インターネットに台湾への案内を流したり、高校生の放送局に情報提供しているが、この試みはまだうまくいったとはいえない。それでも、アメリカの若い人たちに台湾のことを知ってもらわないと、将来につながらないので根気強く続けていくつもりだ。

同じくインターネットで試みていることに、世界中の台湾人の世界組織を結びつけるプロジェクトがある。すでに台湾人商人の「台湾商会」という組織が存在するが、彼らをインターネットで結びつけるのである。

彼らは、日本、東南アジア、中南米、ヨーロッパに分散しているので、インターネットでつながればビジネス展開も変わってくる。さらに、このネットワークがニューヨークなどの台湾系銀行と結合していけば、一大金融ネットになっていくだろう。

●――アメリカへのさらなる要望

私たちとアメリカとのつながりは、こうして民間レベルでも緊密になっているが、それでは現在のアメリカの対応にすべて満足しているかといえばウソになる。

たとえば、「台湾関係法」が現在のアメリカの台湾政策を規定しているが、台湾はもっと軍事的な地力をもたないと安定しないのは明らかであろう。それなのに、フランスのミラージュを購入する話が進むまでは、アメリカはF-16を台湾に輸出するという話を進展させなかった。

いまの世界の軍事において、台湾を後回しにすることは危険であり、さらには不可能だろう。たとえば、現在、さまざまに議論されている戦域ミサイル防衛（TMD）構想だが、この防衛システムはどうしてもアメリカ、日本、台湾という三カ国、さらには将来的には韓国が参加することで可能になるものに他ならない。さらに、国際機関への加盟問題では、アメリカにはもっと台湾をサポートしてもらいたいし、またそれがアメリカの利益につながるものではないだろうか。

というのも、中国は自分たちの沽券にかけて、台湾より先に加盟したがっているからだ。たとえば、WTOやIMF（国際通貨基金）、世界銀行だが、国際連合に加盟していなくとも入れるような処置をアメリカが働きかけるということはあっていい。国連加盟は最終的な問題としても、台湾の現在の国際的地位からいって、諸国際機関に参加させておくことは、アメリカの新国際秩序形成にとっても重要だろう。

ただし、繰り返しになるが、私はこうした問題においてもアメリカを信頼している。アメリカが混乱に陥り、非現実的な政策でもとろうとするのでない限り、また、台湾の存在感が急速に減少するのでない限り、アメリカは台湾を実質的には支持せざるをえないし、支持してくれると思う。

むしろ、日本の世論などが、アメリカと中国との表面的な動きに刺激されて、なにか大きな変化がすでに起こっているように誤解すると、お互いのために不幸なことになるだろう。私が心配しているのは、むしろこうした過剰反応である。

クリントン大統領の訪中の際には、明らかに過剰反応が日本のマスコミにみられたし、また江沢民主席の訪日の際にも同じような現象が生まれた。外交には表面の流れと、そして深く強い裏面の流れがあることを、もう少し理解していただきたいと思う。

第六章

いま日本に望むこと

自信喪失からの脱却

すでに何度も述べてきたことだが、私は多くの恩恵を日本から受けてきた。そしてまた、台湾も歴史的な経緯の中で、多くのことを日本から獲得してきた。そのことは、何度繰り返し述べても言いすぎるということはないだろう。

台湾が日本の植民地だったということに、きわめて神経質になっている日本人も多い。他国を植民地にして経営するという行為は得策でもないし、国際道義的にも誉められたことでないのは確かである。しかし、そのことばかりに拘泥(こうでい)しても日本の将来に益することは少なく、また台湾にとってもありがたいことではない。

中国は、戦争中の日本の行為について、これからもことあるたびに問題化するだろう。それは、中国の戦略で、投資を含めた日本からの援助を引き出す目的があるからだ。しかも、日本は歴史認識がからんだ問題になると、中国にわざわざ伺いを立て、その結果、なんらかの交換条件が引き出されてしまうのである。

これは中国の伝統的な対応というべきものだが、日本に聞かれれば必ず歴史問題を取り上げる。「これは、どうですか」と聞けば、必ず「それは問題だ」と言うに決まっている。

戦前の日本は、もちろん多くの問題はあったが、それなりに日本の主張というものを行ってきた。極東でいち早く西欧列強に対峙したという誇りもあった。ところが、戦前・戦中期の失敗を経て、戦後になると、対外姿勢に過度の弱さがつきまとうようになってしまった。

ことに中国に対しては、あまりにも遠慮がすぎるようになっている。なんでも「イエス」で受け入れる。新聞社の北京支局員は、中国の当局にとって都合のいいことを報道しないと、退去や支局閉鎖を言ってくるので怖くて思うように記事が書けない。そこで、なんでも前もって伺いを立てるようなことをしてしまうのである。しかし、伺いを立てれば当局の喜ぶようなかたちでしか報道ができなくなる。

たとえば、テレビで私のことを報道することになっても、わざわざ中国の当局に「李登輝のことを放送しますがどうですか」と聞きに行く。中国の当局は、当然ながら「放送はしても、李登輝を肯定的に評価するのは問題だ」というわけである。

●――APEC招待問題の内幕

大阪でAPECの総会が開かれることになった一九九五年にも、同じような問題が起こった。私に招待状を送ろうということになったとき、招待状を出す前に、日本の当局は台湾に人を派遣して「李登輝が参加しないようにして欲しい」と言いに来た。

私が大阪のAPECに招待され、参加した方がいいのであれば、大阪に行くことになるだろう。しかも、私はAPECのメンバーである。私が行く行かないを決めるのであって、日本が決めるのでも、ましてや中国が決めるのでも決してない。

ところが、そんな初歩的なことも、日本人には分からなくなってしまったようだった。私は、ともかく招待状をいただいてしかるのち、迷惑のかからないことを考えますと申し上げた。しかし、私が参加するといえば、中国がボイコットするなどの挙に出るのは明らかである。APECの国々と、主催国の日本に迷惑がかかるだろう。

招待状を受け取って、結局、私は出ないことにして、代わりに参加する者の名前を伝えた。もし、私が参加すると答えれば、中国に伺いを立てる人たちがいるから、日本の当局は窮地に陥ったことだろう。

こうした問題で、私のところに聞きにくることも、ましてや中国に伺いを立てることも、いずれも奇妙な行動だということが、日本の当局やマスコミには分かっていない。聞けば答えるだろうが、本来は誰が判断することなのか、肝心のところが分からなくなっているのである。

日本社会はコンセンサス社会だからという人もいるが、関係のない中国にコンセンサスを求めるということがそもそもおかしい。かつて日本のマスコミにはモスクワ派が多かったが、その後、北京派が多くなり、現在も北京派は強い。そのせいか、コンセンサスとは北京に聞くことだと思い込んでいるようだ。

外交でもコンセンサスは必要だが、このような意味のない「コンセンサス」は外交を阻害するだけであって、むしろない方がいい。日本は中国についての本当の情報をつかんで、堂々と振る舞うべきなのである。

●――日本の円はもっと強くてもいい

同じように日本の行動の奇妙さは、国際経済政策における日本の選択にも現れている。問題は単純ではないとはいえ、日本は世界最大の債権国である。その「お金持ち国」が、世界最大の債務国、つまり「借金だらけの国」に経済政策で頭が上がらなくなるというのはやはり不自然だと考えてよい。

アメリカは基軸通貨ドルを印刷していればいいとはいうものの、そこには自ずから限界がある。ドルの世界的信認が揺らげば、アメリカの経済は崩壊するだろう。一度、橋本前首相が「アメリカ財務省証券（国債）を売りたくなる」と演説してアメリカ経済にショックが走ったことがあったが、アメリカ国債を売る売らないの話にタブーはない。

確かに、突然に大量の放出をやれば「パール・ハーバー」以来の大事件になってしまうだろうが、多少の国債のバーゲニングは行っても問題ではない。むしろ、こうした可能性を背景にして、アメリカに日本の銀行の不良債権処理のための資金援助を要請することがあってもいいのである。

日本は、不良債権の処理にあたって、愚直に自分たちの資産を売って解決しようと必死だが、儲けたお金を全部処理に使ってしまえば、いつまでたっても日本の金融は回復しないだろう。

日本の選択肢を示して、そこに「アメリカからの借金か、あるいはアメリカ国債の売却」というトレード・オフを盛り込むことは、当然あっていい。アメリカはすぐにはいい顔はしないだろうが、日本はこの選択が、アメリカにとっても、世界経済にとっても有利であることを示せればいいわけである。

普通に発想すれば、お金を貸している者が一人で悩む必要はない。そのためにこそ、お金を預けていたのだから、そのお金を担保に別のお金を借りればいい。こうした発想は、他の国の政治家ならば自然に思い浮かべるプランの類の一つだが、不思議なことに日本の政治家からは出てこなくなっている。

もちろん、この問題に限らず、すべてうまくいくとは限らないが、多くの可能性を見出していくのが政治家の仕事だろう。バブル以後の日本には、こうした発想上の柔軟性が欠落してしまっているのだ。

●──財政赤字に神経質になるな

また、経済政策についても日本で議論されているテーマには、ときどき疑問を感じざるをえないことが多い。

ある有名な評論家が、日本の内需問題について論じながら、日本では住宅も行き渡ってしまい、公共的な施設の建設も一巡したから、日本経済は動きがとれなくなっていると論じている。この考え方は、どうやら多くの日本国民にとっても、非常に分かりやすいもののようだ。

しかし、現在の住宅がいつまでももつわけではないし、私の目からみるといくらでもリプレースメント（建て替え）が可能であるように思われる。現在ある都市が、もう飽和状態にあるというのはもっともらしく聞こえるが、住宅も不十分だし、またアメリカやイギリスに比べて下水道普及率一つとっても、ずっと低いのである。

日本人のもっている家具やその他の家財道具は、必ずしも立派なものではない。財産となるような家具や家財をもっている家族はきわめてまれだ。そのような状態で、「もう飽和した」というのは気が早すぎる。内需拡大は、やり方次第によっては必ずしも困難ではないのである。

そして、この問題と関連することだが、数年前の財政赤字解消騒動は、他の国からみるときわめて不自然なものだった。日本国内で作った統計によれば、確かに日本は赤字で苦しんでいるように思われるが、ＯＥＣＤの方法で世界先進国と比較すれば、まだまだ慌てるほどのことではなかった。この数年の日本での財政赤字論議は、あまりに神経質だったといわざるをえないのである。

日本はこれまでも赤字財政をうまく行いながら、継続的な成長を続けてきた。確かに従来ほどの経済成長は見込めないが、だからといってなにもかも犠牲にして財政赤字を解消する必要はない。経済的に落ち込んだときには、赤字が多少増加しても、近い将来に立ち直れば十分埋めることができる。

それを、消費税率アップで減税もやめ、財政も調整して公共投資もなくするというような政策を採用しながら、その一方で景気対策を考えるという矛盾した政策をとるから、せっかくの潜在力が生きないのである。

●──なぜ日本は停滞しているのか

ものには順序がある。問題がつながっているからといって、あれもこれも一緒に解決するわけにはいかない。なにを先決にするか、そしてその後はどのような順序で解決していけば一番スムーズに運ぶのか。

その優れた例を世界に示してきたのは、他ならぬ日本だったはずだ。最近の日本は、こんな初歩的なことも忘れてしまったように思われる。

なぜ、このような情けない事態に陥ったのだろうか。第一に考えられるのが、先にも指摘したように、世襲制がはびこってしまったためである。日本人はいまだに優秀で、若い人でも「この人は、政治家になると伸びるのではないか」と思われる人に会うことは少なくない。しかし、その人が本当に政治家になるにはどうすればいいかを想像すると、とても政治家になることを勧めるわけにはいかなくなる。

日本で政治家になろうと思えば、一番の早道は政治家の子供に生まれるか、政治家の子女と結婚すること、あるいは政治家の秘書になって気に入られることだろう。しかし、この道が現在の日本で優れた政治家を生まないことは、もはや証明されたも同様である。現在の政治家のほとんどが、このコースをたどって政治家となり、その結果として現在の停滞を招いているのだ。

第二に、やはり官僚主義が変化への対応を遅らせてしまっている。官僚が強くなったために、政治家が自分たちのなすべきことまで官僚に渡してしまった。官僚に任せきりで、個人的にははっきりした政治的信念をもっていない人が多くなった。

しかも、この官僚が排他性が強くて、つまらない理論に固執して新しい事態に対応できない。アメリカと台湾が新しい事態に遥かに柔軟に対応しているのは、官僚の硬直化がないからだと思われる。

第三に、一九八五年以降は、バブルやその崩壊の中で、それまでの方法が通用しなくなったが、そのため必要以上に自信喪失することになってしまった。以前と同じやり方で成果が上がらなければ別の方法を考えればよいのだが、以前の方法に固執するか、あるいは完全に戦意を失うような状態に陥った。そして、その反動で、「アメリカにNOと言える国」というような考え方が強くなった気がする。

私からみれば、日本には経済的にも文化的にも十分に力があるのだから、わざわざ肩肘を張らなくても対応していけるのである。アメリカに対しても、「NOを言おう」と構えなくとも、十分に交渉の力を有している。

失礼ながら日本人はいま、びくびくして生活しているようにみえる。怯えながら経済活動をしている。アメリカ人に会っただけで、身構え、肩肘を張ってしまう。実はアメリカは、それほど強くないことに気がつかない。

案外、日本人は、もう少し冷静になってアメリカを観察することが必要なのかもしれない。冷静な目でアメリカ人をみられるようになれば、不必要に怯えている自分たちの姿にも気がつくだろう。

●――日本は多様性を回復する必要がある

では、なぜ日本人から柔軟性が失われ、そして必要以上に緊張しているのだろうか。いくつか理由があるが、最大の理由は日本社会が多様性を失っているためであるように私には思われる。

どのような社会も、活力の源は多様性と包容力である。アメリカが何度も落ち込みながらも回復する力をもっているのは、この二つを兼ね備え、しかも維持する努力をおこたらないからだ。そしてまた、台湾が近年急速に発展できたのも、多様性を生かしうる包容力のある社会づくりを目指したからだと思う。

ところが、最近の日本は、マスコミ報道をみても、打ち出される政策を検討しても、一つの考え方に凝り固まっているとしか思えない。産業政策も柔軟性に欠け、多様性がみられない。

たとえば農業政策だが、日本の政策はあまりにも硬直的だ。農業経営の新しい単位を考えることや、法人化の推進などが考慮されないのは、現在の状況を考えるとあまりにも無策といわねばならない。日本は農業政策の選択肢を、もっとバラエティに富んだものにすべきだろう。

私は農業政策の専門家でもあるから、台湾の農業政策については、自分がなにからなにまでやりたくなることがある。しかし、それでは台湾の農業が、硬直化する恐れが出てくるだろう。

私とは異なった発想の持ち主、私とは世代の異なる人たちが、これからの台湾の農業を考え、企画を立てて実行するのでなければ、将来の行き詰まりは目にみえている。私のなすべきことは、彼らが実行する道を開いてあげることなのだ。そこから、政策の多様性が生まれてくる。

本来、日本には非常な多様性と深みが備わっているはずである。それが発揮されなくなったのは、多様性や深みの意味がつかめなくなっているからだろう。そしてまた、既成の権益が多様性と深みが発揮される回路を塞いでしまっているからに違いない。

●――日本の「強さ」を取り戻す方法

単純にいって、まず、日本は決して「弱くない」ということを思い出す必要があるだろう。日本は本当は実力があるのだ。経済において、たとえばトヨタ自動車でも本田技研でも十分に強い。もちろん松下電器（現・パナソニック）も十分な実力があるし、為替損で赤字になったというので騒がれていたソニーも、国際的な優良企業であることには変わりないだろう。

そこで私は申し上げたい。日本は自分たちの弱さを列挙するのをやめて、試しに自分たちの強さを並べてみてはどうだろうか。それぞれの職場や研究所で、プラスの要素を集めてみるのである。

まず、日本には多元的で深みのある文化がある。広範囲でレベルの高い技術が蓄積されている。そして、そうした膨大な蓄積をもった国民が一億二五〇〇万人も存在する。

また、日本は世界で最大の債権国であり、膨大な資産をアメリカやその他の国に預けている。アジアにも長年にわたり多くの援助を行っており、そのことで生まれている結びつきは決して小さなものではない。

さらに、日本には素晴らしい産業が発達しており、有力な企業がいくつもある。現在のような経済低迷の時期にあっても、それらの企業のいくつかは好成績を上げて、世界に向けて製品を輸出している。

そして、日本にはまだまだ活力に満ちた人材がいる。彼らは現在のように既得権益が強い状況の中では実力を発揮できないが、多少でも現状が変われば、第一線で活躍し始めることは間違いない。

私にいわせれば、日本人はあまりに自信喪失して、こうした世界でもまれな条件を生かせなくなっている。もう少し、冷静に周りを見回し、そして自分たちを見直すべきだろう。アジアの国々もそのことを望んでいるし、世界もまた同じ思いなのである。

私は、いまだに一生懸命に勉強を続けているが、先に述べたように一番多く読むのが日本の書籍なのである。それはなぜかといえば、日本には非常な深みがあり、それが本の中に集約されているからだ。アメリカの本をもっと読んでいいと思うのだが、私はどうしても日本の本を読書の中心に据えている。

もちろん、アメリカは確かに偉大な国であろう。その偉大さは、なによりその包容力の大きさにある。そして日本も、私は偉大な国であると信じたい。その偉大さは、いま述べたようにその蓄積と深さにみられるのである。

国際政治においても現実性を

すでに二十一世紀を間近に控えて、日本の役割は経済にとどまらない。当然のことながら、国際政治や安全保障の問題がある。そして、日本の動向は台湾にとってても、きわめて大きなファクターになりつつある。

安全保障について日本の抱える問題は、実は日本の国民が考えている以上に大きい。一九九五年に、アメリカ第七艦隊の空母インディペンデンスの燃料補給問題で明らかになったように、日米安全保障条約がありながら、日本はアメリカの空母に燃料を供給できなかったのである。

このとき、インディペンデンスは横須賀港を出発し、九州に着いたら燃料補給しようとした。ところが、日本に補給を要請したところ、日本政府はそれを拒否した。これには世界中が驚いたが、日米同盟があるにもかかわらず、日本の法律では緊急の補給は不可能だったのである。結局、燃料の補給は日本に備蓄してある石油を、ある外国の石油会社に渡して、その石油会社の船がインディペンデンスに運ぶという方法をとったそうである。

その後、一九九六年六月に日米間でＡＣＳＡ（物品役務相互提供協定）が締結され、緊急の燃料補給は可能になった。しかし、これはあくまで平時についてに過ぎず、有事の際の燃料補給は、いまだに認められていないのである。

日米同盟については、依然として日本国内に多くの反対者が存在し、また日本共産党などは中国共産党との関係を回復したこともあって、これからますます批判的な色彩を強めることと思われる。さらにマスコミのある部分は、「日米安保の見直し」というテーマを好んで取り上げるようになっていく可能性もあるだろう。

しかし、ジョセフ・ナイ元国防次官補がレポートで書いたように、アジアにはアメリカの軍隊を一〇万人常駐させなければ、アジアの平和は維持されないし、アメリカの方針もこの線から大きくずれるとは思われない。

ところが、現在のアメリカ外交の立場からすると、アジア全体をまとめて一貫した共同防衛的な立場に立つことが困難になっている。たとえばヨーロッパで展開しているような集団安全保障体制は無理だろう。

というのも、アメリカの現在の中国政策が「エンゲージメント（関与）」にあって、現状のままでもいいから、ともかく中国を新しい国際秩序に取り込むことを優先しているからだ。この方針は仮想敵国を作って集団安全保障体制を組み立てるという方向とは矛盾してしまうのである。

そのためアメリカとしては、同一目的をもつ集団安全保障体制を形成することは放棄して、日本、韓国、フィリピン、インドネシア、オーストラリアなどと個別に二国間安全保障体制を作り上げ、それら個別条約の集合でアジアの安全保障を考えていくしかないわけである。

●──日米安保の実体的変化

これまでの冷戦時代なら日米安全保障条約の指導方針は、主としてソ連が仮想敵国といってよかった。したがって、安全保障体制もこの仮想敵国を前提とすれば済んだわけである。ところが、ソ連は崩壊してしまった。ソ連崩壊後のロシアを、今度は地域の集団安全保障に組み込んでいく努力が払われていく中で、ロシア・中国の緊張関係も緩和されている。そこで中国は安心して大軍を北方から引き揚げ、南方に移動させていくことになるだろう。

将来的には、中央アジア・シベリア・朝鮮半島・台湾海峡という地域で、中国の事実上の封じ込めが成立していくかもしれない。しかし、それはいまのアメリカの中国政策の中では出てこない文脈なのである。

確かに、アメリカに行けばロシア・北朝鮮・韓国・日本・台湾・ＡＳＥＡＮによる中国包囲ということをいうシンクタンクや研究機関もあるだろう。だが、現在のアメリカが「エンゲージメント（関与）」を標榜する限り、表には浮上してこない方策といえる。

もちろん、日本でも国会では総理や防衛庁長官に対して「日米ガイドラインは、中国を仮想敵国としているとしか思えない」といった野党からの質問も出てくるだろうが、「現実問題として、有事は有事のときにしか明らかにならない」というような答弁が繰り返されることになるだろう。

さらに日本の場合には、憲法問題がからんでくると、国内だけでなくアジア諸国にも反発が生まれることになる。憲法九条の改正ということになれば、混乱は必至といえるだろう。

そこで日本としては、一つはこうした憲法論議には向かわずに、アメリカ軍への協力の範囲を議論する方向が考えられる。きわめて実務的なレベルでの議論として、日本の政策が実体的に変わっていくということがありうる。

この実務的なレベルには、日本の輸送船の輸送力や、台湾の駆逐艦の装備の相互認識まで進んでいくかもしれない。これは、もちろんこれからの可能性として、考えておかねばならない問題である。

●――アジアの経済協力体制を構想する

安全保障ももちろん大きな課題だが、日本の役割を考える際、やはりもう少し積極的になっていただきたいと思うのが、アジアの経済協力体制へのコミットである。もちろん最近はＡＭＦ（アジア通貨基金）や新宮沢構想というかたちで、日本が積極性をもち始めているのは確かだろう。しかし、そこにはアメリカとの調整をどのようにつけるかという問題も横たわっている。

私には、アメリカとは別になにかをやるという方向に固執する必要はないと思われる。むしろ、アメリカが協力せざるをえなくするようなかたちで、日本がアジアの経済協力体制をリードするのが好ましいのではないかと考えている。

たとえばＡＳＥＡＮである。現在は、あまり好材料がないかもしれないが、必ず再び経済成長を継続するようになるだろう。そのときに、このＡＳＥＡＮの国々をまとめていくのはどこかといえば、それは日本をおいてない。

ところが、これまで日本は多額にのぼる援助を行い、多くの企業を進出させながら、どこか及び腰のところがあって、ＡＳＥＡＮの国々の信頼を獲得していない。日本がもう少し政治的にこなれたところをみせないと、ＡＳＥＡＮの国々も不安なのである。

しかし、日本が積極的にリーダーシップをとろうとしなければ、中国が出てくることになるだろう。ＡＳＥＡＮ諸国はそんなことを少しも望んでいないのに、この国際舞台を中国は横取りしてしまうかもしれない。

実をいえば、台湾はＡＳＥＡＮに参加したいのだが、中国が牽制しているので加われない。位置や経済的役割からすれば、台湾がＡＳＥＡＮの外に立たされるというのは、お互いにとって得策ではないのに、中国の政策によって自然な流れがせき止められている。

こうした無理な体制を自然なかたちに引き戻すには、やはり存在感のある国が動かなければ無理だろう。日本は、自分たちが思っている以上にＡＳＥＡＮ諸国に期待されていることを知らなければならないのである。

●――ＡＰＥＣでの存在感を増すべき

同じことは、もっと範囲の広いアジア・太平洋地域の会議であるＡＰＥＣでも起こっている。台湾は唯一の経済単位の参加者である。つまり、経済単位としての資格で国家と同等のメンバーと認められている。

ところが、やはり中国はそのことがおかしいというわけである。私がこのAPECの会議に参加すれば、これは名実ともに国家としての参加となるから、中国を刺激することになる。私はあえて参加を見合わせているが、総会の下の分科会では台湾は他の国々と同じように扱われている。

たとえば、ASEAN諸国というのは、実は農業を主体とした産業構造をもつ国が多い。それなのに、APECでは農業について十分に話し合われないのは奇妙なことなのである。そこで、台湾はインドネシアでAPECの会議があったときに、農業問題を討議する会議を開催しようと発案した。この発案には、アメリカも同意せざるをえなかったから、台湾がこの分科会のスポンサーとなった。

最近では、通貨危機問題が広がったときに、ASEANの内部でも助け合える仕組みを考えようではないかと話し合った。たとえば経済的に危機に陥った国があれば、その国に国債を発行してもらって、ASEAN諸国がその国債を消化すればいい。

この議論を行ったときに、中国に対してもASEAN諸国への金融貸付を一緒にやろうともちかけてみた。中国は、台湾は国家ではないのだから、一緒に融資することはできないといって断ってきたが、私たちはさまざまな機会をとらえてASEAN諸国のためのプランを立てて、同時に台湾の存在をアピールしているわけである。

こうした局面でも、日本に支持してもらえれば台湾のアプローチはずっと有効になるだろうし、他のASEANおよびAPEC諸国にとっても、さまざまな問題の選択の幅が出てくるわけである。

大局観のある政治家が欲しい

かつては学生として教えを受け、さらには実務家として多くを学んだ私としては、日本がもてる力を十分に振るえずに停滞している姿をみているのはつらい。また、国際社会において、意外なほど幼い行動をとるのを目撃するのは、実に残念な思いがする。

しかし、現在、日本の動きが鈍くなったことについては、これまで触れてきたような戦後という時代の問題や世襲制の優越という制度の問題とともに、もともと日本人がもっていた特性もあるように思われる。

日本人の特性からいえば、智嚢つまり参謀役を務めているときには素晴らしい能力を発揮できるが、いったん自分が前面に立たなくてはならないとなると、とたんに弱味が出てしまうという面があるように思う。

日本人はどのような場合でも、非常に真面目で、何事にも真剣に取り組むのだが、この取り組み方がやはり智嚢のやり方なのである。経済において発揮されたのも、この真面目さであり、また政治においてみられるのもこの真剣さに他ならない。

しかし、こうした真面目さや真剣さによって作り上げられた各部分は優秀でも、部分を組み合わせて全体で実践に移す場合には、また別の要素が要求される。私にいわせれば、この別の要素とは、日本人が考えているような「能力」ではない。もっと精神的なもの、いわば信念といったものによって支えられるのである。

私が長年、日本および日本人と付き合ったことに免じて、耳の痛い話を聞いていただきたいと思うが、日本人にはこの信念が希薄なのである。少なくとも現在の日本人には、コンフィデンス（自信）が欠落している。そのために自分に対する信頼感がもてず、堂々と実行に移す迫力が感じられないのである。

政治家のレベルでいえば、部分的な細かなことには気がつくのだが、大局的な大枠の把握に欠けるようにみえる。なにかいつも、小手先のことばかり論じている。それは、その政治家の「能力」がないからではなくて、「信念」あるいは自分に対する信頼感が欠落しているからなのである。

●──政治家は大きく太く育てる

私の考えでは、政治家にかかわらず現在の日本人は、かつてなら精神的な修養といわれたような鍛錬（たんれん）を行わなくなってしまった。合理的な発想からいえば、「能力」を開発すればいいのだろうが、人間はそれほど単純なものではない。

すでに第一章で述べたように、私が日本思想から得た大きなものは、実はこうした精神的な鍛錬の部分ではなかったかと思うのである。もし、人間に合理的な「能力」や、あるいは計算尽くの利害関係から超越した発想が必要であるとしたなら、それは「能力」や「利害」が通用しない世界を体験しなくてはならないだろう。

現在は、こうした「能力」や「利害」を離れた人間の鍛錬を軽視しているが、むしろ日本人に欠けているのは、まさに「能力」や「利害」から離れた発想に他ならない。日本人にどうしても部分的な細かいところにこだわる傾向があるとすれば、日本人がなさねばならない鍛錬とは、「能力」と「利害」から隔絶した体験をすることによって、この偏りを矯正することにあると考えることもできる。

そこで私がいまあえて日本人に勧めたいのは精神的修養、たとえば道場で座禅を組んだり、朝早く起きて人の嫌がるような掃除を行う訓練をしてみることである。これは、実に単純なことかもしれないが、現在の日本から消滅してしまったことであり、同時にいまの日本の政治家に、欠けていることはなにかという問題につながるテーマでもある。政治家が「能力」と「利害」によって判断する限り、そしてこの方向で人間が教育される限り、日本の政治に幅や大局観など生まれるはずはない。

ある人物が総理大臣になりたいと思って、一生懸命に勉強し、政治の世界で必要とされることを身につけ、経済的な問題も分かるようになって、とうとう総理大臣になることができたとしよう。それでは、この人物はなにをするのだろうか。総理大臣になることが目的ならば、そこで終わりなのである。実に馬鹿げた話ではないだろうか。

目的と手段が混乱してしまい、せっかく総理大臣になってもなにをすればいいのか分からない。なにをするために総理大臣になったかと考えてみても、そもそもそのような発想をしたことがないから、答えようがないのである。

率直にいって、日本の政治はあまりにも行儀正しくて、非常に細かいことをきめ細かくやりすぎる。そしてまた、政治家が育っていくプロセスも同じで、あまりにも小さく細かいことにこだわりすぎる。

政治家は、ときとして「能力」と「利害」は無視できるようにならなければならない。そのためには「大きく太く」ものごとを把握しなければならない。これは、その人が身につけている実務的な「能力」や「利害」を図る力とは、まったく関係なく必要とされるものだ。

政治家によっては、「能力」があり「利害」についても敏感であると同時に、

「大きく太く」考えることのできる人がいる。また「能力」や「利害」については欠けるところがあっても、「大きく太く」発想することができたために、政治家として優れた業績を残すことができた人もいる。

しかし、いずれにしても政治家として必要なのは、「大きく太く」ものごとを押さえる信念に裏打ちされた力である。

●信念をもって取り組む

私が述べていることは、現在の日本人にとっては「古くさいこと」を蒸し返しているように思えるかもしれない。しかし、あえていえば、そういうかたちでしか信念やコンフィデンスを考えられなくなってしまった日本人だからこそ、政治家として優れた人間が出てこなくなったともいえるのである。

現在の日本は、私からみても非常に堅苦しく、また硬直したものに感じられる。多くの学者の友人たちがいるが、彼らは誰もが勉強家で真面目である。しかし、それは勉強のための勉強にすぎない。現実の社会を見据え、その問題点をはっきり認識し、日本をよくしたいという信念をもって積極的に社会に問いかけていく。そのようなことが学者にも求められるのではないか。大事なことは信念をもち、行動を起こすことである。

その信念に基づいて少しは社会に向かって声を上げてみるとよい。少しは政治の現実に触れてみればいい。私は日本の京都帝国大学で学んでいたときも、またアメリカのコーネル大学で論文を書いていたときも、一生懸命に勉強したが、同時に、その勉強が台湾にいる同胞にとってどのような意味をもつかという自問自答を、片時も忘れたことはなかった。

しかし、そうした思いは決して私に特別なものではない。私が特に立派だというのでもない。日本の場合、明治維新の後の留学生や政治家たちが外国の地に立ったときも、なんとか日本をよくしたいという信念をもっていたのである。さらには、終戦直後の日本人が、外国で母国を思いながら活動を再開したときも、その信念は強固なものであったはずである。

問題は「信念」なのだ。自らに対する信頼と矜持に他ならない。現在の日本の政治的混迷をみるたびに、そしてさまざまな日本社会の停滞について耳にするたびに、私はそのことを思い出すのである。

第七章

台湾、アメリカ、日本が
アジアに貢献できること

台湾とアメリカ、日本との関係

これから二十一世紀にかけてのアジアを考えると、台湾とアメリカ、日本の三者がどのような関係を作り上げるかが、きわめて大きなファクターとなっていることに気がつく。それは経済の面においてもそうであり、また政治的にも同様なのである。

ところが、台湾と日本の政府間における交渉が正式にはないことになっているために、しばしばこのことが軽視される。しかし、台湾とアメリカのあいだにも政府間の関係はないが、日台間と違ってかなりの程度まで交渉が行われることができる仕組みになっている。いずれにしても、三国間はかなりコンプレメンタリ（相互補完的）に協力し合える関係にあり、それはますます強まらざるをえない。

まず、経済の面からみてみよう。台湾は周知のように、日本から実に多くのものを購入している。たとえば、日本の台湾向け輸出は一九九八年で二七〇億ドル（二〇一九年四四〇億ドル）に達している。その反面、日本の台湾からの輸入は同年で九三億ドル（二〇一九年二三三億ドル）、台湾からみれば一七七億ドルの完全な輸入超過だが、その大部分は重要な設備、部品、原料である。台日間の貿易不均衡は技術上の格差以外に、円安と日本の半導体業界の不振により、台湾より日本への輸出が減っているためであり、一層の技術向上と日本市場の拡大が必要とされるであろう。

一方、台湾はアメリカとの貿易では輸出超過であり、アメリカは台湾にとって大きな市場であるが、その輸出超過額はこの十年来非常に減少してきている。その主な理由としては、台湾企業の中国への進出、投資の増加によって台湾からアメリカへの直接輸出が減り、中国を通してアメリカに輸出するかたちに変わったからである。

ただし、ここで注意していただきたいのは、台湾は中国に対して輸出超過になっていることである。つまり中国とアメリカへ輸出して儲けた分を、日本に払っているといっていいだろう。

少し前までは、アジア経済というのは「雁行形態（がんこう）」で進展するといわれていた。つまり、最初に日本が飛んでいき、その後、雁が群れをなして空を飛ぶかたちになるだろうと思われていたのである。そして、その市場は主としてアメリカが目標であった。

しかし、この秩序立ったかたちはすでに成り立たなくなっている。それは、とりもなおさず一九八五年のプラザ合意以降、日本の円が急速に切り上がったこと、さらには九四年中国が人民元を切り下げたこと、米ドルにペッグしていたアジア諸国がドル高の影響を受け金融危機に陥ってしまったためである。

九七年七月にタイがバーツのドルペッグを放棄して発生した金融危機は、連鎖的にフィリピン、マレーシア、インドネシア、韓国、香港を襲った。香港を除いて各国には相次いで為替の大規模な切り下げがもたらされ、連鎖的に実体経済に影響を与え、インフレーション、失業率の増加、二ケタのマイナス成長率に陥った。

このような東南アジアの経済危機は主として以下の五つの要因による。㈠投資が常に国内貯蓄を超えて行われてきた。㈡経常収支の赤字を埋めるために外国の短期資本に頼ってきた。㈢国内投資の分配が決して経済的に、また合理的に行われなかった。㈣長期にわたる本国貨幣とドルのペッグは著しく国際競争力を低下させた。㈤金融の自由化と国際化を急ぎすぎて、適当な金融対策措置がとられなかった。以上が今回の金融危機を引き起こすことにつながったのである。

台湾は、九〇年から為替をフロート（変動相場制）にしたが、八五年ごろには二五〇億ドルだった外貨準備高が、現在は九〇〇億ドルほどに達している。また、一人当たりの国民所得をみれば八五年では三〇〇〇ドル強だったが、現在は約一万三〇〇〇ドルになっている。

ところが、ここ数年のドル高円安の傾向のために、台湾としてはあまりありがたくない結果が生まれている。一時のように極端な円高になる必要はないが、円はやはりファンダメンタルズにあわせて、ある程度は高くなってもらわないと困るわけである。

金融経済をどう運営するか

この不安は、結局、日本の銀行の不良債権問題や各国為替レートの急激な変動がいつまでも片づかないからであって、繰り返すが、私たちの立場からしても早急に解決して欲しい問題である。

台湾の場合、不良債権で行き詰まったのは信用組合が多かったから、問題が起こる前に政府がアドバイスして合併を進めて切り抜けた。また一九九〇年ごろから銀行の自己資本比率も高めるように指導したので、八パーセント以上になっていた。自己資本比率を上げてオーバー・ローンを防ぎ、金融機関の健全化を図ることを十分に行ってきたのだ。

それでも銀行の不良債権は九九年四月末にはかなりの金額になる見通しだった。これを事前に処理するため、二月二十日に新しい政策を公布して、銀行の納めている営業税率を五パーセントから三パーセントに引き下げた。また(民間)銀行から中央銀行に預けられた預金準備金のうち、一六六八億元を払い戻すことにした。

これにより銀行の不良債権は、今後四年間で完全に処理することができるだろう。そして、不況状態にあった証券市場も、一斉に活気を取り戻すことができるようになるのである。

また、台湾で問題だったのは農会の信用部、つまり日本でいえば農業関係の信用機関だった。

農会の信用部は株式組織ではなかったために、自己資本をほとんどもたないで運営されていた。このような現在のシステムでは危険が大きすぎる。今後は株式組織にして、自己資本を高める方策を考案せねばならないだろう。

台湾経済は基本的に中小企業が主であり、中小企業の企業数は企業数全体の九八パーセントを占めている。それへの資本供給を行うため、中小企業発展基金や信用保証基金を設立したことは、有効な資本の蓄積と事業拡大に役立っているのである。

また、現在の台湾にとって最も脅威なのは、他の国にも増して為替レートの急速な変動である。この一年ほどで、台湾の通貨は為替レートで二〇パーセント切り下がってしまい、ドル建てで計算すれば輸出額も二〇パーセント下がった。

私は台湾国民に「みなさんの懐（ふところ）のお金は同じですよ。輸出が二〇パーセント減でも、為替レートが二〇パーセント下がっているのだから、台湾の通貨では同じこと。われわれは、そういうことも考えているのです」と申し上げている。とはいうものの、外貨準備高は減ってしまうわけで、この状態が長く続くのは好ましくないのである。

一昨年、日米問題研究所の日高義樹氏の「ワシントン・リポート」（テレビ東京系列）を材料に、現在の台湾が置かれている政治・経済情勢を、台湾の中央銀行や政府の財務担当者たちと話し合った。

「ワシントン・リポート」は江沢民主席のアメリカ訪問の背後のシナリオについて述べていたものだが、その内容はほぼ私たちが考えているものに近かった。

そこで、このレポートをテーマに議論したわけだが、話の中心はもう少し別の面にもあった。私は金融関係の担当者たちを前にして、次のように述べた。

「今日みなさんをお呼びしたのは、この『ワシントン・リポート』を聞いてもらうこともさりながら、こうした動きの中でこれから台湾にとってなにが大事になるかを話し合いたいからです。

私は金融の専門家ではないが、いまや金融の世界は急速に変動して、経済および政治に対する影響はあまりにも大きい。そのことを無視して金融経済の運営を行うことは、自殺行為に等しい。

お金とは、いまやかつての経済学者が論じたように〝ベール〟ではない。実体経済を映す影ではないのです。お金についての政策は供給量をみればいいというものではない。現在のお金はお金自体が〝グッズ（商品）〟となったといってよい。つまり、お金は投機の対象となって、その売買が経済全体を牽引する中心になりつつあるのです」

周知のように、各国の通貨は先物取引によって売買され、その価値の上下が国家の運命を左右する事態となっている。世界の為替市場では、一日に取引される金額が一兆ドルを遥かに超えるような事態になった。実体経済の取引に対して、為替取引が三四倍になっているのである。

そのような事態において、外資が短期資本として投機を目的に台湾国内に入ってきて、投機を行ってゆく。こうした激しい変化の中で、なおかつ台湾は実体経済の産出、雇用の維持、輸出入を行わねばならないのである。

最近アメリカの有名な投資家ジョージ・ソロスはその著書『グローバル資本主義の危機』の中で、市場は不完全だとはっきり指摘している。いま、金融市場は単に受け身になって、実体経済を映し出しているのではない。活発に実体経済をかたちづくっている。金融市場は実体経済に必要以上に多くの資金を供給することがあるし、少ない資金しか供給しないこともある。そしてこれは実体経済に重要な影響を及ぼす。その意味において、金融市場の肥大化には危険が伴うのである。

金融市場はしばしば不安定な状態に陥りやすいものである。市場の暴力、行き過ぎは自由な市場の存在基盤そのものを崩壊させる恐れがある。われわれが市場に依存しようとする限り、あまりに不安定な状態に陥るのを防ぐため、なんらかの規制や監督を行う組織が必要なのである。

●——アジア諸国との密接な関係

これから問題になってくるのは、中国の人民元がどうなるかであろう。中国はアメリカとの約束では切り下げないといっているが、本当にこのままで中国の経済がもつかといえば、かなり苦しい。銀行の不良債権が国民総生産の二〇パーセントを占めており、企業の在庫品総額は約二五〇〇億元に達していると『ワシントン・ポスト』紙が報道している。

そこで、台湾としてはそうした事態に対応して、十分に対策を考えておく必要がある。もし、人民元が下がれば、台湾の中国に対する輸出額は下がらざるをえない。通貨のレートが下がった国は、輸入額が減るのは当然だからだ。しかし、だからといって人民元が現在のレートを続けるのは、中国の経済にとって非常につらい話なのである。

それどころか、すでに問題は生じつつある。台湾から中国に投資している企業は三万社あるが、そうした企業はいま二つのことで頭を悩ませている。第一が、支払われるべき売上金がなかなか入ってこないことだ。そこで、資金繰りに非常に困ることになる。第二はこうした企業は製品を作らないとお金にならないので生産はするが、それが在庫となってしまうことである。

ところが、インドネシアに進出している台湾の企業は、いま非常に儲かっている。製靴やプラスチック加工などは、以前の三倍くらいの利益が出ているところがある。というのは、インドネシアの通貨が下落した結果、コストが急落したからだ。ドル建てで計算すると、インドネシアの賃金は、中国の賃金の三分の一以下にもなった。

これではアジアの内部に不均衡と摩擦が起こらないわけがない。台湾の企業としても、それぞれの国との関係を注意深く模索していかないと、摩擦に巻き込まれかねない。インドネシアのケースでは、インドネシアの人たちが自警団を作って、台湾の会社を守ってくれている。台湾の会社も、それまでより多く儲けているのだから、この自警団の人たちにお礼を払って利益還元をするわけである。

アジアの再建問題は、日本経済の立ち直りに大きくかかっている。バブルの崩壊以来、日本経済はうまく回復軌道に乗ることができず、不況に陥ってしまった。最近円は政府の政策の効果を得て、上昇しているが、依然として日本市場は縮小しつつあり、輸出主導で安定を図るアジア諸国にとってあまり役に立たなくなっている。

ここで注意すべきは、アメリカはいま日本、アジア諸国にとって重要な輸出市場であり、それによってのみ経済成長が期待されるということである。そしてアジアの対アメリカ輸出が大幅に増える可能性がある。このことは、逆に貿易摩擦を引き起こす潜在的な要因になるであろう。アメリカはアジア諸国に市場を提供しても、日本に対してはかなり厳しい態度に出るであろう。これによって分かるように、日本は銀行の不良債権処理を早急に行い、総合的な経済対策をとって、自国の景気回復を図り、同時にアジア諸国が悪循環に陥らないようにしなければならないのである。

●――アジア情報を正確につかめ

こうした不均衡は、いまやアジア中に急速に広がっている。ところが、こうしたアジアの実態を伝えるレポートの質とレベルが非常に低い。また、現地で実務を行っている人たちの伝える情報も誤りが実に多い。

たとえば香港の状況だが、最近、日本の商社の支店長クラスの人たちが、多数左遷されたという話がある。もちろん、左遷という名目にはしないものの、香港での任を解かれて呼び戻されたのだから、結局は同じ意味合いだろう。

なぜそのようなことが起きたかといえば、香港から本社へ送られるレポートや情報にあまりに間違いが多くずさんで、そのため本社の戦略作成に役立たないということらしい。そもそも香港の急激な変化を甘くみている。このことについては、台湾でも、アメリカでも一部の人を除いては、はっきり情勢をつかんでいないのが実情である。

さらには、あのような地域で正確な情報を得るには、よほど突っ込んだ勉強をしてかからないと無理だということに気がついていない。香港の情報とは、経済的なバイアスだけでなく、政治的なバイアス、さらには社会的なバイアスが交錯している。

ある人の話では、日本領事館やJETRO（日本貿易振興会）、さらには日本政府の意向で「前途有望」という報告を出すことが暗黙の了解になっていたというが、それではアジアとの本当の付き合いはできない。当面はその方がいいという判断が働いたのだろうが、長期的には、企業は有効な対応ができないだろう。

同じことはシンガポールについてもいえる。シンガポールの実情は、日本、台湾や外国で報道されているよりずっと厳しい。シンガポール経済は、意外に借金が多く、そのため金融的に行き詰まっている企業が少なくない。

私がこのような指摘をするのは、アジアの国々を貶めたいからではない。そうではなくて、台湾、アメリカや日本はもっと正確な情報でアジアへの対応をしなければならないからである。そうしなければアジア経済が回復するための処方箋は書けない。また、書いたところで間違っていたのでは、かえって病を重くすることになるだろう。

いまアジア諸国の経済回復に力を貸そうと思っても、個々の投資家や会社は前述したように実態をはっきりつかんでいない。それができない要因はいくつかある。一つはこれらの地域や国で行われていることがはっきりしない、つまり透明度が低いということである。実質的投資をしようと思っても、融資対象がどれくらいの支払い能力を有するかが分からない。信頼に値する会計組織や監査手続きは、実際には存在していないといった方がよいであろう。

次の要因は政治のあり方である。確かに、アジアに起こった金融危機が二次的に実体経済に影響を与えている現在では、経済回復を促進するためには、金融体制の調整がかなり必要であろう。この調整はただでは行われない。そのためにコストは必ず分担しなければならず、これは政治抜きでは決められない。不良債権をもった銀行、政策誤謬を犯した官僚、独裁者の一族の不正等の諸問題が政治的に解決されなければ、投資家や援助する諸外国も二の足を踏んでしまうことになるだろう。

北朝鮮問題についての対応

同じことは、北朝鮮問題についてもいえるだろう。日本で報道されていることは、すべてが間違いとはいわないが、非常に部分的なものが多い。立場的なこともあって、私が明言するわけにはいかないものの、なぜあの国が現在のような状況に置かれているかをアジアの構造全体から考えてみてもいいのではないだろうか。

一九九八年八月、北朝鮮による日本の領海に向けてのミサイル発射事件が起き、またアメリカの偵察衛星が発見した地下核処理施設の存在が問題になった。このような行為に走ることを決意した北朝鮮の意図は、どの辺にあるのか。これを見極めることは、非常に重要なことになる。これらの問題によって、朝鮮半島統一スケジュールは長期化するだろうし、それに伴う米国の関与政策の再検討が必要とされるのである。

アメリカは日本に比べれば北朝鮮の状況をかなり正確に把握しているから、なるべく周囲への影響を少なくして問題解決を図ろうとしている。しかし、結局のところ、中国共産党のコントロールがきつすぎて、なんら新しい方向を見出せないというのが北朝鮮問題の実情だろう。

いま世界にとって必要なのは、北朝鮮の内部でなにが起こっているかを正確に把握するということだ。そのためには、しっかりとした情報を収集することが不可欠である。

私たちも、国家レベルでの関わりはないが、決して無関係な国とは思っていない。北朝鮮の問題は、アジア全体に関わる問題なのである。

たとえば、いま伝えられている飢饉(ききん)はあれほどひどいレベルに達しているのか。本当はどの程度なのかを知らなくては、対応できないだろう。さらにまた、日本に飛来したミサイルの技術はどこからきたもので、どれほどのレベルなのかを正確に把握することが大事だ。

アメリカは援助を約束したが、韓国の政治家がアメリカ議会に働きかけているために一時的に停止したことも、あまり知られていない。そして、そのためにロシアが肩代わりするという話すら出ているのである。

日本ではいわゆる「拉致事件」の人道的側面だけがクローズ・アップされたが、こうした北朝鮮をとりまく状況を正確に把握しておかないと、この問題も解決への糸口がつかめない。

その一方で、北朝鮮に対して「拉致事件」を解決すればアジアにおける位置づけがよくなるから、解決を進めるように密かに勧告したアジアの政治家も存在する。ところが、日本はこうした水面下の動きを把握することができないのである。

援助システムの構築

アジアの通貨危機が起こったとき、日本はＩＭＦのアジア版であるＡＭＦ構想を打ち出してアメリカの反発を招いた。その後も「新宮沢構想」というかたちで、アジア内での援助システムを提唱しているが、このときはアメリカは賛成したがヨーロッパが難色を示した。

どうも、日本が円を中心にして基金を作って、アジア経済の安定を図る仕組みを作ろうとすると摩擦が生まれる。

それに対して、ＡＰＥＣにおいて支持を受けたのは、アジア開発銀行（ＡＤＢ）を通して援助する方法だ。つまり、資金の必要な国は政府を保証人にして債券を発行し、この債券をアジア開発銀行が日本や台湾など、経済的に比較的安定した国に売るという方法である。

この方法ならば、特定の国の通貨が優先されるという問題もなく、またアメリカなどの反発も少ないので、かなり有望な資金援助方法になるだろう。台湾は、いまでもアジア開発銀行から発行されている債券をできる限り購入している。マレーシアことにマレーシアは、この問題に対して強い関心をもっている。マレーシアが十分に基礎を固めて、アジア開発銀行を通して債券を発行すれば、台湾は喜んで購入するし、さらに他の国も同じように購入する可能性は高い。この方法は、すでにアジア開発銀行の理事会では一応通ったが、あまり進展していない。

しかし、これはAMF構想や新宮沢構想に比べれば、遥かに実現可能性が高いと私は考えている。やはり、アメリカは自らが形成しつつある「国際新秩序」の中で、自分たちがコントロールできないシステムが生まれることを喜ばない。アジアはよけいな摩擦を呼び込むことを避けて、有効なシステムを作り上げねばならないのである。

ところで、日本でのアジア経済の論議には「ヨーロッパはあそこまでいったではないか」という話が安易に主張されがちだ。ヨーロッパが一九九九年に統一通貨を成立させたのだから、アジアでも可能ではないかというのである。

確かに統一通貨成立前の期待は大きかった。そして、長いあいだ戦争を続けてきた国々がその果てに統合を実現しつつあるという歴史的な意味は重要だろう。

しかし、問題はやはり多い。

まず、ヨーロッパの通貨が統一されても、世界中のお金が「ユーロファンド」に集まるかどうかはまだ分からない。

しかも、イギリスはまだ参加していないし、さらにドイツとフランスの対立は根深い。政治的な軋轢はこれからも続くだろう。

さらに、経済的な面でみていけば、それぞれの国の産業構造が非常に異なっており、生産性にも大きな開きがある。それぞれの国が、経済統合を実現するために、財政が拘束されるのは苦しいだろう。

それでも共通しているのは、「アメリカになにからなにまで従うのは嫌だ」ということに他ならない。ドイツもフランスも、この点で妥協して協力しようというところまで来たわけである。ヨーロッパのこれからは必ずしも順風満帆とはいい難い。そして問題も多い。

したがって、「ヨーロッパが通貨統合を行ったから」としてアジアの問題に適用するのは危険だし、そもそも議論が成り立たないのである。

日本の作家深田祐介氏と行った『諸君！』（文藝春秋）の対談で私は、ドルとユーロという二大通貨の隙間で、われわれアジアはどうすべきかを語ったことがあった。私の考え方としては、この問題は安全保障と同じく、日本がより積極的にＡＳＥＡＮと関わることが必要で、アジアの共通通貨実現は少し時間をおいて考える必要があると述べた。まず安定した為替相場と実質経済成長が維持できるようななんらかのシステムが必要だと伝えた。大切なのはこのシステムをドルやユーロと対抗するかたちでの閉鎖的なものにしてはならないことである。

そして、アメリカ、日本、中国、台湾、シンガポール各諸国が前述したようなシステムを作り上げるために、ＡＰＥＣにおいてもう少し強い責任とイニシアチブを発揮できるようにしなくてはならない。現状は自由貿易に中心を置きすぎて、アジアに対する金融政策や基本にある農業問題を忘れているような気がする。

世界的にみると、ＩＭＦと世界銀行を中心としたブレトンウッズ体制の再検討が必要である。ペーパーマネーが世界中をかけ回り、あちこちで相手の財産を食いつぶすようなシステムは考え直さなくてはならない。これはアメリカがやるべき対策だと思う。世界経済の安定した見通しを作るために金融対策や措置が必要であろう。

また、日本に期待したいのはODA（政府開発援助）を通じて、アジア諸国に長期資本の貸し付けを検討することである。資金の有効的な分配、そして受益国がそれによって資本蓄積できるようなシステムを作ってもらいたい。

日米はもっと台湾経済に注目せよ

世界の投資家に、いま余っているお金があれば、どこに投資するかと聞けば、おそらく第一にアメリカ企業の株、その次に「ユーロファンド」ということになるだろう。それでは、たとえばアメリカ、日本がこれから投資するのはどこがいいのか。もちろん、アメリカ企業や「ユーロファンド」を考えるのは自然だろうが、私は台湾だと申し上げておきたい。

現在、台湾ではいくつもの国家的プロジェクトが行われているが、たとえばその一つが日本の新幹線にあたる「高速鉄道」である。すでに、ヨーロッパ各国のグループが台湾にやって来て、技術や費用の援助について相談を開始している。ところが、日本からの提案が明確ではないのである。

私はアメリカ、日本からの投資を非常に期待していた。アメリカ、日本は台湾に対して大規模な投資を行い、多額な債権をもつべきだと思う。台湾の経済はこれからもまだ成長の余地を多く残しているから投資の対象として有利であり、また台湾の経済・社会の安定性から考えても有望な投資先であるはずだ。そしてまた、政治的な観点からも、アメリカ、日本が台湾に投資することはきわめて意義のあることであろう。

しかし、高速鉄道の投資について残念なことに、ドイツは交通大臣や経済大臣のレベルまでやってきているのに、日本との交渉は基本的な事項で止まってしまっている。私たちが示した基本事項は、第一が価格の問題、第二が安全性、第三が政治的配慮である。この第三の政治的配慮というのは、プロジェクトは確かに民間投資には違いないが、日本政府の姿勢も示してもらいたいということなのである。

すでに台湾とアメリカ、日本との経済関係は、非常に深いものとなっている。

台湾は日本から年間に一七七億ドルの輸入超過を続けているが、この輸入超過を克服するために日本の企業に台湾での現地生産を頼んでいる。

テレビやコンピュータのブラウン管、クーラーのコンプレッサ、さらにロボットのコントローラなどを台湾に工場を建てて生産するようにしてもらっている。その一方では、こうしたかつての輸入品を、国内の企業が作れるような仕組みも考える必要がある。また台湾の高度技術はアメリカに頼まなければならない部分が多いので、アメリカにいる台湾人がアメリカ人と一緒になって共同で開発、投資するのが望ましい。

すでにブラウン管などは、生産量からいえば台湾は世界のトップになっている。その他の製品も、台湾の技術で製造可能になりつつある。しかし、まだ台湾の技術レベルでは難しいものもあって、そういう分野の場合には台湾に工場を建てて生産してもらえればありがたいわけだ。

アメリカ、日本からの積極的な投資と、台湾の技術開発を同時に進めることによって、三国はさらに繁栄するとともに、結びつきをさらに深めることができるのである。

●覇権主義の脅威

台湾とアメリカ、日本の関係がさらに深まることによって、アジアにとっても多くのプラス面が生まれるのは、経済的な分野だけでなく政治的分野でも同様である。繰り返して述べてきたことだが、台湾の未来は台湾の存在にあり、またアジアの未来は台湾の存在にある。すなわち、存在することによって台湾の未来は開け、同時に台湾の存在がアジアの未来を支えていくといっても過言ではないのである。

私たちは現在の台湾の位置づけは「台湾の中華民国」でよいと考えている。「台湾の中華民国」によって、国家としてのアイデンティティも存在し、また一つの主権と独立を保持している。

「台湾共和国」にしてしまえという議論をする人たちが大勢いるが、私はそんなことをすべきときでもなければ、そもそもそんなことをすべきでもないと考える。これではアイデンティティも曖昧になるし、台湾の主権および独立すら危うくなるだろう。

台湾の存在を確かなものにしていくためには、そうした安易な姿勢を拒否するだけでなく、さらに法制的にもしっかりした論拠を確立していく必要がある。私は総統を引退する前に、世界中の国際法学者に呼びかけて、法制面からも揺るぎのない解釈を打ち出しておきたいと考えている。

一方、アジア全体からみれば、現在の中国の覇権主義的な姿勢が続くようでは、アジアに平和が訪れることはないだろう。中国に対していま最も弱いのは、残念ながら日本である。前述したように日本は中国の意向を伺いながら自分たちの政治を行い、さらには歴史解釈すらも相談している。

確かに覇権主義的で民族主義的な大中華主義は、他のアジアの国にとっても恐怖の的であることは変わりない。ロシアは中国に圧迫を感じることはないだろうが、インドは恐怖を感じながら中国に対して対峙し、他の国も多かれ少なかれ中国を恐れているのが現実だ。このままでは、アジアに安定した日はやってこないだろう。

理想的なことをいえば、台湾は台湾でアイデンティティを確立し、チベットはチベットで、新疆（しんきょう）は新疆で、モンゴルはモンゴルで、東北は東北で自己の存在を確立すれば、むしろアジアは安定する。中国は広大な大中華から脱して、七つくらいの地域に分かれて互いに競争した方がよい。

しかし、その分権をすぐに実現させるというわけにはいかない。これは、それぞれの地域の人々がもっと独自の文化やアイデンティティに覚醒し、そのために必死に努力することになって初めて実現することだろう。

ここ十年来の加速的な民主化により、台湾の政治システムは脱内戦化が図られ、また自由、公正な選挙を通じて示される台湾の民意に基づいて、政府の編成が行われる仕組みが作られたのである。これらの抜本的改革によって勝ちえた、自由で公正な社会と民主体制の成果を、台湾は将来にわたって確保したいと考えているし、その基礎となる台湾海峡の平和をあくまで追求する。

これらの改革は台湾の朝野が心血を注いで実行したのであって、中国はなんら関与していない。にもかかわらず、中国は依然として台湾民主化以前の国共内戦の発想にとらわれ、台湾に対する一方的な武力行使の可能性を認めている。台湾にとってもはや国共内戦状態は終結しており、中国との関係は「中国の内政問題」を超えた二つの対等な政治実体同士の関係になっているのである。

周知のように、台湾海峡は海路、空路ともに西太平洋の不可欠の国際通商路であり、台湾海峡の平和と安全は国際社会の公共財である。アメリカや日本の一部アジア専門家や戦略家などに、「台湾問題は中国人同士の問題」という曖昧な言い方をして、この台湾海峡の平和と安全に関して中国に譲歩するものがいる。それはアメリカや日本自身の多大な利害と生存に対する発言を失い、ひいてはアジアのリーダーの地位確立のため、アメリカ、日本の弱体化を狙う中国の戦略にのせられることになる。

さらに、アメリカ、日本がこの点で譲歩すれば、台湾海峡地域に対する安全保障上の関心が薄らいだと中国が認識し、一九九五―九六年にみられるような軍事行動をとる傾向を助長する危険がある。

アメリカを理解していない日本

一方、アジアにおける日本は、政治的にはアメリカのアジア戦略の中に位置づけられている。しかも、ソ連崩壊後のアメリカにおけるアジア戦略は、日本を中東まで及ぶ広い地域の中で位置づけている。日米安全保障条約は、対共産圏のための同盟から、アジア全体の平和監視の条約へと再定義された。

確かに、この戦略のもとになったジョセフ・ナイの「ナイ・レポート」もこのように論じ、またアメリカの意図もそうであるには違いない。しかし、それはあくまで現在のアメリカ政府が考える位置づけであって、日本は独自の姿勢として、さらにアジアの繁栄と平和に対して、もっと積極的になってもよいはずである。

ましてや、現在のアメリカ政府の中国への「エンゲージメント（関与）」によって、アジア全体から考えるという戦略が事実上とれなくなってしまっているからには、アジアにおけるそれぞれの国の相互の関係が大きな意味をもち始めている。

ここであえて日本にいいたいのは、日本はもっとアメリカについて研究して欲しいということである。日本はこの半世紀、ずっとアメリカの政策にあわせてきたことで、アメリカについてはどの国よりも知悉（ちしつ）していると思い込んでいる。

しかし、私にいわせればそれはまったくの誤解であって、むしろ追随してきたことにより、アメリカというものが分からなくなっている。そしてまた、自分たちの考えていることを、どうすればアメリカに分かってもらえるのかをほとんど考えないようになってしまっている。

アメリカを理解し、アメリカに日本を理解させる独自の方法とルートをもたなければ、結局マスコミで報道されたことを信じるしかなくなるが、マスコミに流されている「アメリカの意図」や「日本の意図」が正しいとはとてもいえない。

私がこうしたことをあえていうのは、日本がアメリカの意図を本当に理解できず、また自分たちの意図をアメリカに分からせることができなければ、日本一国だけでなくアジア全体を混乱に導くからなのである。

中国を世界に引っ張り出す

私もアメリカを理解するためには多くの情報を収集し、またアメリカ人たちに台湾の意思を伝えるためにさまざまな努力を払っている。最近もあるアメリカの要人に、「あなた方が使っている中国への〝エンゲージメント〟という言葉は非常によくない。中国との接触が必要なのではなく、中国を世界に引っ張り出すことが必要なのではないか」と率直に伝えた。

中国のリーダーも、しばらく前に、ゴルバチョフがなにを行ってソ連を潰してしまったかはよく分かっていることだろう。「エンゲージメント（関与）」などという言葉につられて、おいそれと無防備に世界の政治舞台に出てくるわけはない。

しかし、アジアが継続的な安全を享受することができ、覇権主義的な大国に牛耳られないためには、中国を世界に引っ張り出すしかない。いまの世界の常識で中国も政治と経済を運営するようにならなければ、どうしようもないのである。したがって、アジアの、そして世界の問題は、中国をなるべく早く変えていくことなのだ。中国にある覇権主義的な体質や、政治・経済における構造上の問題を、可及的速（すみ）やかに解消させることに他ならない。

現在におけるアメリカの対中国戦略的パートナーシップは、方法上二つの要点で進められている。第一は戦略性のある対話を続けることで、政府高官や軍事専門家や高級軍人の相互訪問を重ねることによって、相互の理解を深めようとするやり方である。第二は中国を敵とみなさずに善意の姿勢をとっていること――つまり、立場上異なる意見はあっても、できるだけ避けて、共通利益の面を発展させるやり方である。

しかしながら、アメリカの中国に対する「エンゲージメント（関与）」は戦略的にいくつかの欠点を残している。中国のリーダーはアメリカの国益をよく把握しており、現在のグローバル・スタンダードに同意することには絶対に反対である。そのために中国は大国であるという態度をアメリカや日本にみせる必要があり、またそれによってのみ現在の国際社会準則の改善を要求することができると考えているのである。中国のリーダーたちは旧ソ連のゴルバチョフの例を忘れているはずがないと思う。

また、中国内部の体制が矛盾に満ち満ちていることを承知しているが、絶対に政治の自由化や民主化を取り入れて、アメリカ的「エンゲージメント」によって自己生存を脅かすことはしないであろう。このために最近では民族主義を大きく標榜して、国内外のビジネス面において大きな圧力を加えつつ反撃している。特に、アメリカに対しては台湾問題の処理で中国の主張を受け入れるように要求している。

中国を変えなくてはならないと、どの国より真剣に考えているのはもちろん台湾であろう。台湾は、中国の人々が世界標準の自由と民主的な制度を台湾とともに享受することを願うと同時に、中国からの脅威が消滅することを一日千秋の思いで願っているからだ。

だが、それは台湾だけの問題ではないということを、アメリカや日本の人たちに理解していただきたい。台湾を制するものは中国を制するというのは、さまざまな意味で正しい。台湾が豊かで平和な社会を実現していけば、中国もいまのままではいられなくなり、中国全体は台湾化するだろう。しかし、台湾が存在を失って中国に制されてしまえば、中国全体が覇権主義的な矛盾した体制をもつ地域となってしまう。

そして、後者の場合には、次には日本の「存在」が脅かされることになる。日本の地理的位置づけからみても、台湾とその周辺が危機に陥れば、シーレーンも脅かされて、経済的にもまた軍事的にも、日本は完全に孤立することになってしまうだろう。戦略的にみても、台湾の存在は大きい。日本人の多くは、そのことを十分理解しているとはいえない。台湾は日本にとって、単なる製品の輸出先の、南に浮かぶ島の一つではない。台湾は、日本にとっても生命線なのである。

第八章
二十一世紀の台湾

新しい台湾・新しい台湾人

一九九八年十二月五日の台北市長選挙は、国民党の馬英九氏が当選した。この選挙は、台北市長を国民党が奪還したということもさりながら、新しい台湾人つまり「新台湾人」を標榜して行われた選挙戦だったということでも大きな意味がある。

周知のように、馬氏は父親が中国大陸出身のエリートで、いわゆる「外省人」であるわけだが、今回の選挙では「新台湾人」を前面に出して支持が得られた。

有力な対立候補だった民主進歩党の陳水扁氏は、台湾の独立を唱えて「台湾優先」と主張してきた。彼は私と同じ台湾出身の「本省人」だから、台湾を中心に考えようというのは説得力があるように思われる。そこで私は馬氏に「陳氏が『台湾優先』でくるなら、あなたは『台湾第一』で対抗すべきだ」とアドバイスした。

ただし、「台湾第一」というのはなにかということを選挙民に分かってもらう必要がある。私が選挙で強いのは、やはり「本省人」の選挙区で強いからだが、馬氏は「外省人」の息子だからその点は不利だった。もし彼が「本省人」の多い選挙区に行って選挙民を感動させられなかったら当選は難しい。しかし、熱い支持が得られれば、馬氏はもう当選したも同然であろう。

結果的には、馬氏は「本省人」「外省人」という対立の構図を止揚して、接戦ながらあの勝利に結びつけることができた。

私は選挙中の応援演説では、むしろ馬氏に挑発するようにこう言った。

「馬君、馬君。君はいったいどこから来た、何人なのかね」

馬氏は聴衆の前で毅然（きぜん）として答えた。

「私は台湾で生まれ、台湾の米を食べて育ち、台湾を愛する、新しい台湾人です」

聴衆の中から大きな拍手が沸き起こった。私たちも反対派も、ともかく「新台湾人」を前提として選挙戦が進行した。

これは、私がずっと望んできた方向に他ならない。国民党は中国大陸からやってきた政党で、「外省人」の政党だというのは昔のことだ。「台湾第一」というのは台湾のアイデンティティを確立することであり、台湾人が自分たちの政権をうち立て、台湾人のための政治を行って、台湾人が繁栄する社会を作ることである。

したがって台湾の国民党は、いつまでも中国大陸からやってきた外来政党の尾てい骨を残していてはだめなのだ。私は光復節（祖国復帰記念日）前日の十月二十四日の演説でも次のように述べた。

「本日、この土地でともに成長し、生きてきたわれわれは、先住民はもちろん、数百年前あるいは数十年前に来たかを問わず、すべてが台湾人であり、同時にすべてが台湾の真の主人であります。

われわれは台湾の前途に共同責任を負っています。いかにして台湾に対する愛惜の念を具体的な行動としてあらわし、台湾のさらなる発展を切り開いていくかは、われわれ一人ひとりが『新台湾人』としての、他に転嫁できない使命であります。

同時に、われわれが後代の子孫のために輝かしい未来図を創造することも、背負わなければならない責任であります」

選挙においても、私の時代は「本省人」「外省人」という区分けがあったのは、ある程度やむをえないことだった。私自身、選挙において「本省人」の多い選挙区で強かったのは確かなことだ。しかし、これからの政治家および政治は、この区分けは解消して「新台湾人」を議論の基盤にしなくてはならない。

歴史の中の台湾という存在

繰り返すが、もともと台湾に住んでいたのは先住民だけだった。その先住民も、文化的にはいくつにも分かれた少数民族の集まりだった。十七世紀ころになると、中国大陸の福建省や広東省あたりから漢民族の移住が始まり、一時的にはオランダが統治に意欲をみせ、さらには明の遺臣である鄭成功が政権を作ったこともあった。

漢民族が大勢住むようになったのは、中国が清の時代になってからである。それまではせいぜい十数万人でしかなかった漢民族人口は、この時代には二百数十万人に増えたといわれている。

そして、一八九五年には日本統治時代を迎え、一九四九年には中国大陸から国民党がやってきてさらにさまざまな民族・文化を受容しながら、半世紀後に現在のような「新しい台湾人」の台湾が存在するようになったのである。

これからの台湾、二十一世紀の台湾を考える際にも、私はこうした歴史的経緯を重くみたい。多くの要素を取り入れ、多くの民族を受け入れながら、文明国として自らを位置づけ、そして未来を建設していくのが、まさに台湾の存在そのものなのである。

そのプロセスは、切り捨てや否定ではなくて「積み重ね」である。前の人々の尊い努力があったからこそ、現在の台湾が存在するのだ。「新しい台湾人」は突然生まれたのではなくて、歴史の「積み重ね」の結果として生まれつつある。

この半世紀あまりの政治においても同じことがいえる。確かに国民党が中国大陸よりやってきたときには、権威主義的な勢力であり、事実、かなり強権的な政治を行った。

しかし、その国民党は孫文の「三民主義」という種子を抱いており、その種子はいつかは芽を出し、花を咲かせ、実をつけるはずのものだった。蔣介石総統時代の台湾は、確かに権威主義的であったが、では、あの時点で自由と民主を全面的に展開できるかといえば、とても不可能だったろう。

中国には圧倒的な勢力に思われる共産主義政権が存在し、いま考えれば単に破壊するだけのようなさまざまな社会変革運動を強行していた。チベットやその他の周辺諸国をみれば分かるように、強権的な政策が有無をいわさず適用されていた。

蔣介石時代とは、単に中国大陸からの逃避政権の時代としてでなく、当時の中国・アジア情勢の中でみなければならないだろう。

●――私にとっての「蔣経国学校」

こうした時代と現在の橋渡しをしたのが、他でもない蔣経国総統の時代だったわけだが、蔣経国という人物がこの役割を担ったというのも、やはり歴史的な必然を感じさせるものがある。

蔣経国は、父親の蔣介石総統と宋美齢の結婚後、ソ連に奔（はし）って共産主義を学ぼうとした。このソ連での勉強は、その後の台湾を考えると非常に大きな意味をもつ。

革命を学びにいった蔣経国は、期待とはうらはらに、共産主義ソ連で非常に苦労することになった。シベリアに抑留までされて、思想的にも精神的にも非常な圧迫を受けた。この体験が、蔣経国と父親の蔣介石との大きな違いとなっていると思う。

身近で接していて凄みを感じたのは何度もあったが、その一つは彼が行政院長だった時代に、親戚にあたる人事院局長の汚職を裁いて、十五年以上の刑を言い渡したときだった。父親の蔣介石なら、とてもそんなことはできなかっただろうし、事実、蔣介石は「経国はやりすぎた」と言ったらしい。しかし、蔣経国はこの事件においては断固たる姿勢を躊躇することなく示した。

蔣経国は間違いなく一人の政治家であり、彼に比べれば当時の私は単なる学者にすぎなかった。私を政務委員にしたときも、蔣経国は私が台湾のために必死になって企画を提示していくことを見越していた。重要な政策会議では、私は必ず積極的な政策を提案するのが常だった。

そのときに蔣経国は会議の議長として私の提案を聞きながら、やがて自分自身の結論にもっていくために話し始める。このプロセスは、まさに政治家の能力というべきものだった。私は自分の出した結論（会議では提案というかたちになるが）と、蔣経国の出した結論の差を考えることによって政治というものを学んだ。なぜ蔣経国がそのような結論に変えたのか、自分の結論に政治的になにが欠けていたのかが理解できた。

私は蔣経国のもとで六年間政務委員を務めた。蔣経国が議長の会議は緊張の連続だったが、同時に私の「政治の学校」でもあった。もし、私が理論家だけではなく政治家としても成長したとするなら、「蔣経国学校」の六年間がものをいっていると思う。

●――自由民主国台湾の出発

蔣経国時代とは、経済的にはその後の経済的発展の基礎を作り上げていった時期だった。そしてまた政治的には、「主権在民」が本当の意味で実現されるための、助走の時代だったといってよい。さらに、私を含めて、次世代の政治に適合できる政治家を作り出すための準備期だったといえるかもしれない。

一九九六年三月に私は第九代総統に選出されたが、このとき台湾は政治的にも大きく変わっていた。私は総統の職を誰かから譲られたのではなく、直接国民選挙によって選ばれたのである。

このときの就任演説は私の生涯の中でも、忘れることのできないものだろう。妻、曽文恵の建議によって最初にベートーベンの交響曲第九番第四楽章の「歓喜の合唱」が流れ、私は国民に向かって「みなさん、ありがとう」と心から礼を申し上げた。

この瞬間は、私にとっても「歓喜」のときだったが、台湾の歴史と政治においてもまさにフロイデ（歓喜）の一瞬であり、雲間から晴れた空が見える新しい時代の始まりでもあったはずである。私は次のように述べた。

「本日のこの祝賀会は、いかなる一候補者の勝利を祝すためではなく、また、いかなる一政党の勝利を祝すためでもありません。それはわれわれ二一三〇万同胞が民主を勝ちえた共同の勝利を祝すためであります。それは台湾・澎湖・金門・馬祖において、人類の最も基本的な価値のある――自由と尊厳が肯定されたことに歓喜するためであります」

すでに自由と民主、そして人権が当然のことのように思われている先進諸国においては、私たちが到達したこの場所に、なんら感動を覚えない人たちもいるだろう。しかし、そうした国においても、長い歴史の末にこの地点に至ったことを思い出していただきたい。しかも台湾は中国の脅威をはね返しながらの達成だったのである。

「今日、われわれは台湾において、中国人の夢を実現させました。二十世紀の中国人が奮闘努力を求めてやまないのは、富強康楽の新中国を建設し、孫文先生の〝主権は民にあり〟の理想を実践することであります。五十年来、われわれは台湾・澎湖・金門・馬祖において艱難辛苦奮闘し、全世界が目を見張るような〝経済奇跡〟を作り上げるとともに、また世界の人々の絶賛を博した民主改革を果たしました」

●――蔣親子の功績を基礎に

こうして、台湾のこれまでを振り返ってみたのは、懐古に浸るためではない。そうではなくて、これまでの着実な達成の上に現在の私たちが存在し、そして現在の着実な試みの上に未来が描かれるということを確認するためである。

私が行ってきた政治も、孫文の「三民主義」を引き継ぎ、蔣介石総統が台湾をともかくも守り、そして蔣経国総統が発展の基礎を作ったその上に行われている。

この半世紀をみれば、私は過去とは決別したような民主化を行ってきているようにみえるかもしれない。蔣介石や蔣経国の政治はオーソリタリアン（権威主義者）ということになるだろう。しかし、私はこの先人を公的に批判したことは一度もない。歴史的にみたとき、蔣介石・蔣経国を考えずに現在の台湾はありえないのである。

この数十年のあいだ、もし彼らのような強靭な性格の指導者でなければ、とっくに中国共産党に台湾は支配されていただろう。そして中国の人々と同じようなつらく長い隘路（あいろ）を歩くはめになっていただろう。

歴史はさまざまな屈折と逆説に満ちているようにみえるが、それはおそらく必要だった過程なのである。大きな視点でみれば、歴史に逆行しているとされていたことも、私たちのいまを支えている。

私は蔣介石と蔣経国二人の先人たちの功績は、大変偉大なものだと信じている。そして私たちは、その基礎の上に立ってこれからの政治を模索していけばいいのである。先人たちに学ぶことなくただ批判するのも間違いであり、また「李登輝、お前は先人たちと違うことをしているから間違っている」というのもおかしなことなのだ。

●――二〇〇〇年に新総統となる人物の条件

台湾人の未来も、同じことであって、これまでの台湾人の営みの上に築かれることはいうまでもないことだ。

新しい台湾を作り上げる「新しい台湾人」は、最近、台湾にきた人のことではない。先住民も、四百年前にきた人も、最近になってやってきた人も、この台湾に住んで台湾を愛している人はすべて「新しい台湾人」に他ならない。

この「新しい台湾人」が選ぶ政治家も、これまでの台湾の成り立ちを考え、そしてこれまでの成果を生かしてくれる人物であるはずだ。

最近、選挙があったせいで任期が切れる二〇〇〇年の総統選挙について聞かれることが多い。中には私が再び立候補すると思い込んでいる人もいるが、私はすでに七十歳代の後半であり、二〇〇〇年には七十七歳になっている。新総統は

「新しい台湾人」を基礎として、新しい時代を開いていく人物でなければならない。

たとえば、私は国民党を時代にあわせて変えてきたことも確かだろう。八十数年続いたこの老舗は、セルフ・アジャストメント（自己適応）する必要があると思ったから、調整を行って時代にあわせてきた。

その結果として、国民党と同じくらい古い政党は世界でも希になってきた。しかも、その歴史をみれば権威主義的な時代もあれば、独裁主義もある、さらには民主化の過程を経てもいるという経験豊かな政党となった。

願わくはこれから国民党を指導する人物は、こうした国民党の豊かな経験を自分のものにしていただきたいと思う。そして、台湾の未来を担う政治家は台湾の政治の多くの経験を身につけて欲しい。

そうすることで先人たちの経験が生かされ、また私たちの努力が報われ、そして新しい時代に適用する力を生み出すことができると思うのである。こうした連続した営みがない限り、台湾の政治は継続することはなく、またこれまでの微妙で困難な台湾の存在を支える知恵は途切れることになるだろう。

まず、徹底的に学んで欲しい。中国からの脅威を受けながら権威主義的な政治を行わざるをえなかった危うい時代の政治を理解して欲しい。そして、その上で斬新な試みを行う新しい政治家が登場してくることを願うのである。

「国民サイエンス」の構想

これからの台湾を考えた場合に、決して見誤ってならないのが経済政策であろう。台湾の民主化は台湾の経済的発展に依存しており、また台湾の存在も経済的発展なくしては成立しない。そして、その基盤として科学に強い国民がいなければ存立不可能である。

私は現在も海外で発行されている科学叢書を取り寄せて、現在の科学がどの方向に向かっているかの勉強を続けている。ことに日本で発刊される本は、なるべく目を通すように努めてきた。

私の目からみると、現在、諸科学の基礎となっているのは、認知科学でいう言語・心理・神経・情報の四つの分野であるように思われる。最近、大きな進展をみせている脳科学では、これまでありえなかったレベルまで、物理的および科学的に脳の仕組みを解明していくと、言語学や脳科学さらには情報科学の成果と交差する分野が多くなっているようだ。

こうした科学の最先端の成果は、未来の教育と大きく関わってくる。ことに台湾の子供たちに、どのような方向の教育を準備すべきか、こうした教育カリキュラムの問題とのつながりは深い。

脳の仕組みは複雑だが、さまざまな電子機械で検査すると、その中身が手にとるようにみえ、しかもそれぞれの箇所がどのような機能をもつかも明らかにされてきた。この研究をもとに、CTスキャンで分析すると、いかに一般の人の脳には使われていない部分が多いかが分かってくる。これは、その人の能力いかんにもよるが、同時に教育が偏っているために発達しない場合も多いようだ。

私は、未来を考えた場合、こうした最先端の研究が示唆していることは重大だと思う。もし台湾がこれからの子供たちに、多くの才能が開花するような教育を与えないでいれば、台湾の未来の発展はなくなってしまうだろう。私は「国民サイエンス」と呼んで、そのための研究を進めさせている。

●――ビル・ゲイツ氏も支持する

最近、私はゴルフを楽しむことが多くなったが、急に調子が悪くなったことがあった。いろいろ考えたが、それは私の体調というよりは、視力が急に落ちたことと関係があると気がついた。

視力が落ちたので、距離感を測定する能力が落ちた。ところが、そうしたことに無関係にドライバーを振り回したものだから、すっかり調子が狂ってしまったのである。もちろん、これは私が歳をとったからといってしまえばそれまでだが、人間の認識と行動をなんらかのかたちで最良のところにもっていかなくてはならないという教訓にはなった。

私は主治医に、ゴルフの調子が悪くなったのは、まず目が悪くなって、次にその情報を受けた脳が誤断をし、脳から手への指令が間違ってなされ、それでスコアがだめになったのだろうと詳しく述べてみた。すると主治医は、「確かにそれはあなたの言う通りでしょう」などと言う。

これが歳をとった人間のゴルフだからまだいいが、こうした誤謬（ごびゅう）の連鎖が子供の教育において継続的に生じていれば、その国の教育的効果はかなりの程度損なわれることになるだろう。

アメリカのマイクロソフト社会長のビル・ゲイツ氏が、デジタル・ナーバス・システム（電子神経装置）の開発に熱心だというので、たまたま会う機会があったときに詳しく聞いてみた。私とビルは年齢は離れているが、どういうわけか相性がよく、仲がいいのである。

ところがビルの話というのは、私が「国民サイエンス」で考えていることと瓜二つなのだ。コンピュータによる情報工学と人間の精神を扱い始めた脳科学が交錯する分野こそ、これからの科学のフロンティアになるというのである。

私は「ビル、それは僕の言う『国民サイエンス』―認知科学―から盗んだんだろう」と言うと、彼は笑っていた。もちろん、私は冗談でそう言ったのだが、「国民サイエンス」の方向性の正しさがビルに支持してもらえたともいえるわけである。

●――コンピュータとの長い付き合い

最近の情報工学の発達は、金融や通信の分野にのみ大きな影響を与えているのではない。ものごとをシステマティックに考える方法を洗練させて、社会制度や教育においても一大変革をもたらしてきた。

私とコンピュータとの関係は、実は非常に長く続いている。アメリカに最初に留学したときに、アイオワ州立大学で学んだことについてはすでに触れた。このとき、私は農業経済を研究したのだが、どうしても統計を詳しく学ぶ必要があって、コンピュータの使い方から始めた。

学徒動員で将校になって千葉県に行ったときに、高射砲を扱う関係上、暇を見つけては数学を勉強していたのが、このときになって役に立った。経済学には統計学が不可欠であり、またその複雑な計算にはコンピュータが必要だったのである。

その後、ずっと後になって台北市長を務めていたころ、情報実務処理にコンピュータを導入した。台湾で政治にコンピュータを導入したのは、私が最初だったろう。

当時は急速にモータリゼーションが進んで、交通事故が多くなったために、その処罰の事務が溜まってしまった。警察もあまりの分量に嫌気がさしたのか、さっぱり処理しなくなってしまった。

私は警察局長にその怠慢を指摘して、三カ月以内に処理するように強く言い渡した。「あなたが処理できなかったら、辞めてもらって他の人間にやってもらうからな」。もちろん、警察局長は動き出したが、どうすればいいか分からなかった。「どうすればいいでしょう」と相談にきたので、「コンピュータを使えばいい」とアドバイスして、その具体的な方法まで指示した。

同じく台北市長時代に、立法院の選挙を台北市はコンピュータで集計・整理できるようしてしまった。五時に投票が終わると、他の地域は次の日の朝まで集計が終わらないのに、台北市だけは三時間半後に発表してしまうので、マスコミも非常に驚いた。

さらに、蔣経国総統のもとで副総統を務めていたころ、比較的時間がもてるようになったので、科学技術の勉強にその時間を使った。センサー技術やマイクロエレクトロニクス、さらにはコンピュータ科学について、最先端の研究はどのレベルまで進んだか、そしてその時点で台湾の産業に応用できるものがあるとすれば、どのような分野の技術なのかを学んだ。この時期は、私の人生で何回目かの勉強の季節だった。

●――二十一世紀を創る四大プロジェクト

こうした勉強のお蔭もあって、現在のエレクトロニクス化や情報化については、ある程度予想していたことなので、驚いてもいなければ恐れてもいない。問題は、台湾がどこまで対応し、またどの分野でリードできるのかということである。

現在、台湾が得意としているのは、いうまでもなく製造業である。この分野は、しばらくは比較優位のままに推移させることが可能だろうと思う。台湾はAPECでマイクロエレクトロニクスを中心にした製造業の中心地となりうる。

もうそろそろ右肩上がりが終わるのが、鉄鋼や石油化学などの仕掛けの大きな産業だ。これは、日本も戦後半世紀、同じような道を歩んできたから、日本人にとっても納得のいくことに違いない。

さて、それではこれからトライしていく分野はどこにあるだろうか。私は、その第一は金融であり、第二が衛星メディア、第三が空港、第四が港湾ではないかと考えている。最初の二つの分野は、現在、圧倒的にアングロ・サクソンが優勢であり、日本ですら十分に参入できていないではないか、という人は多いだろう。しかし、そう思い込んでいる人がいるからこそ、私たち台湾の挑戦が可能になるのである。

私は、香港がこのまま金融センターの一つでありうるという説には疑問をもっている。そして、東京金融市場が再活性化したとしても、それはグローバル・トレーディングが中心となるだろう。台湾の金融センターが目指すべきは、APECのセンターであり、そうなる潜在的条件は十分に有している。基盤となる経済発展と、安定した社会。高い教育レベルの国民と、最先端の技術の存在。台湾はこれらの条件をすべて備えている。

さらに、衛星メディアは段階的に衛星を打ち上げていって、最終的には十数個の衛星によって地球を満遍なくおおうネットワークを構築する。これは、中華系の人々向けのメディアであって、世界に分散している中国語を話す人たちを結びつけるわけだ。現在、世界で中国語を使う人間は一三億人いるといわれているが、台湾は中国に先駆けて中国語ネットワークを作り上げることができる。

空港および港湾については、まさに台湾の地の利を十分に生かすことが可能だ。現在、進行しているものを挙げれば、空港は台北西方の台湾桃園国際空港を都市計画とセットで全面的に作り直す。また、港湾についても基隆よりも大きな港を作った。鉄鋼や石油化学が徐々に下り坂にあるとはいえ、輸出入はこれからも盛んになることは間違いない。

●――力のある農業への転換

もちろん、こうした新しい産業や新しい試みに挑戦する一方で、基盤となる台湾の農業について忘れてしまったわけでは決してない。

すでに、私が農業問題を単独の問題として考えないということ、さらに農地をスペキュレーション（投機）の対象にしないことを方針にして、農業改革を進めたことは述べた。現在の農業問題も、この点は少しも変わっていないのである。

かつての農業改革のお蔭で生まれてきた「核心農家」にしても、やはり資本の規模が小さいために生産性を上げることは難しい。ましてや、技術革新によって他の分野の生産性が飛躍的に伸びていく中で、常に置いていかれる心配をしなくてはならない。

そこで「核心農家」から法人化の声が出てくるわけだが、この場合、気をつけなければならないのは、農業法人化して資金力をつけるという話が、いつの間にか企業法人の農地スペキュレーションに化けてしまうことだ。法人が農地を買えるようになると、土地を分割売買するとか、あるいは一括して売買するが、それがいつの間にか高級住宅地になってしまうのである。

生産性の低い農地は、放置しておくと生産性の高いものに転用されてしまう。それではいくら台湾の農業の根幹を維持しようと考えていても、いつの間にか衰退してしまうだろう。そこで農業法人を作って資本力をつけるにしても、基本的には農業の発展・維持に貢献することを基軸におく必要があるわけである。

台湾の農業は、新しい技術を積極的に取り入れて自らの維持に努めねばならない。その場合の新技術とは、たとえば衛星探査技術による農地の改良、ソーラーシステムによる太陽熱利用、トラクターのロボット化による省力化、遺伝子技術による品種改良などだが、こうした技術の導入に際しても、さらなる資金力と技術力が問題になりつつある。

このプロセスをスムーズに行うには、やはり農業のためのベンチャー・キャピタルというものを考えねばならない。いくつもの研究が進んでいる段階で、継続的に実際に農地で実践できるための制度や基金も必要となるだろう。こうした問題は、ただ技術が進めばよいとか、あるいはただ生産性が上がればよいといったことでは解決しないのである。

国会の徹底した改革

二十一世紀の台湾は、こうした新しい技術と新しい制度によって支えられる産業が発展しているだろうが、同時にいま以上に政治制度や社会制度も洗練されたものになっているべきだろう。

私がいま強力に推進しようとしているのが、台湾の議会の改革である。これまで台湾で議会といえば、「国民大会」（二〇〇五年に廃止）と「立法院」、さらには台湾省の「省議会」があった。しかし、「国民大会」は万年代表によって占められてきた歴史が長く、また「立法院」は事実上の力がなかった。さらに、議会といわれれば国民が思い浮かべるのは「省議会」で、国家レベルの政治ではなかった。

すでに台湾省は廃止することにしているから、「省議会」の声は国会レベルに押し上げることにして、さらに「国民大会」と「立法院」は結合させて、全体を再編する。おそらくは上院と下院の二院制ということになるだろうが、そうなればこれまでの変則的で矛盾のある制度は名実ともに民主化されることになる。

もちろん、これまで旧制度で議員を務めてきた人の中には、「どうして変える必要があるのか」といって反対する人もいるだろう。しかし、一九九八年十二月の総選挙でも私の議会再編の呼びかけは支持されている。

こうした議会制度の改革は、すでに述べた司法制度の改革や教育制度の改革と並んで、二十一世紀を迎える台湾にとって是非とも達成しておかなければならない、基本的な改革必要事項だと私は考えてきた。

国民がどのような教育を受けるのか、国民がどのような法律制度によって統治されるのか、そして国民がどのような議会制度によって自らの声を政治に反映させるのか。この三つの制度が明確にされていなければ、そしてその制度のもつ意味が国民のあいだに深く理解されていなければ、とても民主化された国家とはいえない。

私はどのようなことがあっても、任期中にこの三大改革を行ってから総統の座を去りたいと考えているのである。

●「存在」のための国防

経済的繁栄の継続、そして政治的改革の推進に加えて、台湾という場所において忘れてはならないのが国防の整備である。経済的な結びつきを拡げ、現実外交によって台湾の国際的地位を高めていっても、軍事への考慮がなければ存立は難しい。それが台湾の現実なのだ。

現在、台湾は国防に関する法律の整備を進めつつある。まず、国防法を新たに作り国防部組織法を改正させているが、これも実は民主化とも関わっている。かつて台湾には、国防に関する細かな取り決めはなかった。総統が一人で国防についての決断を下していたというのが現実だった。

今度新たに作る国防法では、総統が握っていた三軍の権限を国防部長にもまたせる。さらに参謀部長は総統のいいなり同然だったのを改め、国防部長との関係を明確にして、作戦における権限を強化することにしている。

組織的な問題は、国防軍は大将ばかりが多く、上が大きく下が小さいことだ。そこで大将になる軍人の数を減らして、バランスのとれた組織にする必要がある。

また、組織は師団のかたちをとっていたが、一師団の数が五〇〇〇人ほどと、普通の師団の概念からすると非常に少ない。普通は一万人以上でなければ師団とは呼べないだろう。そこで師団中心をやめて旅団中心に改組して、師団長を廃止し、命令系統をもっと明確なものにしていくことにしている。

旅団中心への改組は、現在の軍事の趨勢(すうせい)を踏まえて、複雑な作戦行動にも対応できるようにするためのものだ。いまの軍隊はかつてのような単純な組織ではない。歩兵はもちろん必要だが、戦車隊もあれば航空部隊も必要だ。さらにさまざまな特殊技術部隊が多く入っている。

これを一つの組織の中に詰め込んだのでは動きがとれないだけでなく、効率も非常に悪い。ある程度機能で分けて、個別に戦車旅団・ヘリコプター旅団などを作って、作戦行動のときには旅団を統合するのである。

さらに、軍事技術が高度になればなるほど生じやすくなるのが、兵器購入にからんだ汚職だ。台湾は国防に湯水のように予算を使うわけにはいかない。きわめて貴重なお金なのだから、できるだけ有効な使い方を考えねばならない。その意味でも、国防にからんだ汚職の防止と処分は厳密にすべきと思う。

社会保障の充実を図る

将来の台湾を考えれば、社会保障の制度を拡充しておくことが必須である。世界的に急速な環境変化をきたす時代には、どうしても個人的な努力では間に合わない問題が起きる。台湾には、これからの社会変化を考えると、二つの大きな問題がある。

第一は、先住民の人たちの生活保障である。台湾は非常な速度で国富を増大させてきたが、その恩恵にまだ浴することのできない人たちもいる。これまでの伝統的な生活の場を失って、その後の対応が事実上できない場合がこのケースである。

この問題は、実は世界的にみても解決できた国は少ない。民主主義はこうしたマイノリティの平等を訴えるが、資本主義の進展は必ずしも彼らの満足のいく代替案を可能にはしてくれないからである。それは、アメリカの黒人問題やプア・ホワイトの境遇をみても、この問題がいかに難しいかが分かる。台湾の場合は、大きな方向性として「新しい台湾人」の確立を目指すが、そのプロセスにおいては、粘り強く、一つひとつのケースについて真摯に取り組むしかないと思う。あせらず、時間をかけることが必要なのである。

第二は、高齢化の問題である。高齢化は、先進諸国に共通の現象で、特に日本の場合にはこれから急速にその度合いを深めていく。台湾も、日本ほどではないが、急速に高齢化の問題が浮上してくるだろう。

具体的には、高齢者のための医療施設の拡充と老人ホームの建設であろうが、この問題は先進諸国の経験を十分に参考にしたいと考えている。台湾は中国文化が強いから、親に対する敬意が深いことは確かだが、現実には親子同居は減りつつある。ということは、先進諸国で生じたような高齢化社会の問題が、台湾でも似たようなかたちで生じるということであろう。

とはいっても、北欧諸国での例を挙げるまでもなく、過度な社会保障は税率を引き上げ、同時に社会から活力を奪うこともある。政府がどこまで責任をもつか、そして個人負担をどのようなかたちにするか。これからの課題は多い。

いま進行中なのが、政府に所属していた公営の病院を高齢者の医療施設に転換するプランだ。すでに衛生部との話はかなり進んでいるので、もうすぐ具体的なかたちにまとまるだろう。

いわゆる老人ホームについては、私が台北市長時代に「安楽園」と呼ぶ民間と政府の合同プロジェクトを進めたことがあった。もちろん、民間が関わる場合にはビジネスとして成立するものでなければならないので、少し贅沢な老人ホームだった。この種の「安楽園」はその後も増設され、いまでは各県にあり、台北市では三つほどになった。

現在は、農民が入れる老齢年金や、都会の低所得者層向きの老齢年金を企画中で、二〇〇〇年から実施される国民年金とあわせて、高齢化社会対策の一環としていくことになっている。

このように、社会保障制度についても、できる限りの努力をしているつもりだが、この問題に関する限り忘れてはならないのが、すべて金銭的に解決するとはいえないことである。マイノリティあるいは高齢化によって生じる問題は、最終的には魂と関わっており、豊かさだけが万能ではないのである。

●―文化活動の推進と奨励

人間は生きている限り、美しいもの、麗しいもの、清らかなものにあこがれている。金銭や富を超えることを求めている。

台湾の未来を構想するとき、経済・政治そして社会の問題と同時に、私はどうしても芸術や文化について考えないわけにはいかないと思う。そして台湾は、この分野でも着実に基礎を作り上げてきた。

私は台北市長の時代に妻、曽文恵の提案により台北市主催の音楽祭を始めた。最初は音楽祭だけだったが、それに演劇祭を加えて、芸術祭を行うようになった。当時としては大変贅沢な催物で評判になったものだった。一九八一年には、私もゲーテの『ファウスト』を自分で翻訳して、上演してもらったことがあった。この芸術祭はいまでも台北市で続けられている。

総統に就任したときにも、総統府に「介寿堂」があって、そこで「介寿堂音楽会」を開くことにした。この音楽会には、世界各国から音楽家を呼んで演奏してもらうことにしているので、アジア出身の音楽家、ことに台湾出身の音楽家の晴れの舞台となっている。

こうした世界レベルの人たちだけでなく、学校の先生やビジネスマン、さらには地方に住んでいる音楽愛好家も参加できるので、「介寿堂」はいまや台湾の音楽のメッカになっているのである。

台北市長時代には音楽祭を始めると同時に、学校に音楽の特別クラスを作り、才能のある子供たちを集めて、十分な訓練ができるようにした。いまでは中学や高校でも特別な訓練を受けさせるための予算を設けてある。

さらに、際だった才能のある学生には、国がお金を出して外国で教育を受けることができる制度も整えた。その結果、国際的に活躍する音楽家に、台湾出身の若者が非常に多くなった。その大半は、こうした音楽教育制度で育った人たちである。

台湾には現在、芸術大学と芸術学院（二〇〇一年に「国立台北芸術大学」に改称）があるが、それとは別に音楽大学と音楽学院を作ろうという案も浮上してきた。こうしたプランは大歓迎で、私はできる限りの助力を惜しまないつもりだ。

もちろん、音楽教育と音楽家育成は台湾の芸術政策のほんの一部にすぎない。他の分野でも、台湾の人たちの豊かな表現を支え、情操を育て、奥行きのある文化を育成する努力は続いている。そして私は、その先鞭をつけた音楽教育に貢献できたことを、いまでも誇りに思っているのである。

李登輝がいなくなった台湾でも……

いよいよ今世紀も残り少なくなり、また私の総統の任期終了も間近に迫っている。多くの人たちが、私の人生は台湾を繁栄させ民主化させるためのものだったと評してくれるが、私は最初から現在のような人生を望んだのではなかった。私は政治家ではなく、ましてや総統になれるなどと少しも思っていなかったことは、すでに述べた通りである。

しかし、私はおそらく台湾を思う気持ちにかけては、かなりなものだったのではないかと思う。誰にも引けをとらないほどだといってしまえば、傲慢のそしりは免れないが、それでも私のどこかには、そういってみせる覚悟があった。

その激しい思いは、転変極まりない私の人生の中で、あるときは燃え上がり、あるときは静かにくすぶり、七十数年のあいだにわたって私を支えてきた。私は現在の台湾を思うとき、ゲーテの『ファウスト』のように「止まれ。お前はいかにも美しいから」と口に出したくなることがある。しかし、台湾はまだこれから多くの挑戦を繰り返し、多くの試練に耐えねばならない。台湾の歴史はこれからも続いていくのだ。

政治哲学について述べた第二章で、本当の指導者は「自分がいないときに、他のすべての人がどのような判断をするか」を考えねばならないと私は記した。私がこれから考えねばならないのは、まさに「李登輝がいない台湾」に他ならない。私が退いた後の台湾はどうなるのか。

アメリカの国際政治学者サミュエル・ハンティントン教授が、台湾とシンガポールを比較しながら、「台湾のデモクラシーは、李登輝が死んでも継続するだろうが、リー・クワンユーの政治体制は、彼が死ぬと同時に墓場に葬られるだろう」と述べたことがあった。

私は、リー・クワンユー氏とは友人であり、彼の政治家としての能力を高く評価しているので、この言葉には複雑な思いをした。しかし、台湾とシンガポールを政治的に比較したときには、かなり本質を衝いた洞察だといわねばならない。政治家は、その舞台の中で行動することを強いられる。リー・クワンユー氏がいかに台湾のような場所を望んでも、彼の舞台はシンガポールという複雑に勢力がからみあった場所だった。

私は、本書の冒頭より「台湾人に生まれた悲哀」から「台湾人に生まれた幸福」へと話を進めてきた。私は台湾に生まれたがゆえに、この地を舞台としてこの数十年のあいだ必死の努力を続けてきた。その結果、もしこのハンティントン教授のいうことが正しければ、私がいなくなった後も、私の努力はこの美しい台湾に残り、限りない発展を続けていくだろう。

これもまた、私にとっての「台湾人に生まれた幸福」に他ならないのである。

あとがき

肯定的な人生観とはなにか

すでに現時点で述べるべきことは述べたと思われるので、ここでは二つのことだけ付け加えておきたい。

一つは、私のいう肯定的な人生観についてである。

本文でも論じたが、私が人生の過程で悩んだのは、自分を徹底的に肯定しようとする激しい自我と、その自我をどうにか否定したいという強い意志のあいだで、バランスがとれなかったことだった。

しかし、この悩みは私に特有なものではない。若い人には常につきまとう迷いであると同時に、この世に生きる人間ならば必ず直面する矛盾でもある。そしてさらに、このアンバランスは現代社会を歪ませ、世界を危機に向かわせる文明の根本的問題ではないかと思われる。

私は自分の体験に基づいて、機会あるごとに、若い人には、第一に自己中心の観念を排除することであり、第二に過去にあまり執着しないことが必要だと語ってきた。自己中心にものごとを考える限り自我からは逃れられず、また過去に執着する限り自分を肯定して前向きに生きてゆくことはできないからである。

実はこの二つは表裏一体のものであって、どちらかが欠けてもバランスを失い、自己中心と自己否定の果てしない葛藤にとらわれてしまうだろう。私は二十歳になったとき、意を決して日記をつけるのをやめてしまった。日記をつけるのは立派な習慣であるようにいわれているが、私にいわせればしばしば悪癖へと転落する危険を帯びたものである。

なぜならば自意識が強い人間において、日記は自己肯定のための道具となってしまうか、あるいは自己否定の果てしない懲罰の場と化するからである。私の場合には、反省ばかりを連ねるような傾向が強かった。確かに反省は必要だが、それだけでは人生は成り立たない。同時に私たちには前向きの姿勢が必要なのである。

●――明日に立ち向かう心

日記をやめた結果、私はどうなっただろうか。少なくとも、若い時期の過度な自意識から救われたことは確かである。しかし、結局、この肯定と否定のせめぎ合いから本当に解放されたのは、キリスト教と出会ってからだった。逆にいえば、この矛盾を解消してくれたからこそ、私はキリスト教に帰依することができたのである。

キリスト教が語っているのは、いわば「主客転換」といってよい契機であり、そこで最も重要とされるのは「自己の中に神を宿すこと」に他ならない。自分を肯定してやまない自己の中に、深い愛によって他者を許す神を宿すことにより、自己中心の姿勢は消え、他人を思う心が生まれる。

これを、もう少し若い人に引きつけていえば、自我の強すぎる人間は「自己を中心とする」観念を、「社会を中心とする」観念に切り替えることが必要だということだ。自己肯定の中に社会中心の考え方を持ち込むことで、社会のために国民のために活動しようという意志と情熱が生まれるのである。

現代社会の諸問題について考えても同じことがいえる。先進諸国を含め、現代社会が抱えている問題は、一方では個人の欲望の果てしない肯定であり、他方では社会の規範の果てしない否定に他ならない。台湾社会は、現在はまだこのアンバランスがもたらす荒廃の兆しをみせているにすぎないが、いまのうちに「心霊の改革」つまり「こころの改革」を考慮しておかねばならない理由はここにある。

繰り返しになるが、私が述べた「肯定的な人生観」とは自我の果てしない肯定のことではない。私のいいたいことはまったく逆であって、自我の果てしない肯定に歯止めをかけ、同時に社会規範の果てしない荒廃を食い止めるためにこそ、最後に「これでいい」といえる人生観が必要なのである。私がいう肯定とは、自我の否定の上に立った他者への肯定であり、澄んだ精神によって明日に立ち向かう前進への肯定である。

家族への深い愛と感謝の念

もう一つ述べておきたいのは、私の妻についてである。

本文では詳しく触れていないが、私が現在のような考えを抱き、現在のような活動を続けていられるのは、妻を抜きにしては考えられない。

思想遍歴の果てに直面したニヒリズムと、凄惨な「白色テロ」の時代を生き抜いてこられたのは、すべて妻のお蔭であった。そしてまた、私にキリスト教について話してくれ、洗礼を受けることを勧めてくれたのも妻であった。

もし、私一人であったならば、たとえ宗教的な救いが必要な状況に立ち至ったとしても、また、自らの思想的な限界に気がついたとしても、神の愛について思いを巡らし洗礼を受けようとする気にはなれなかっただろう。

すでに述べたことだが、私は思想的に窮地に陥っても「信じる」ということがどうしてもできなかった。数年にわたって台湾のキリスト教会を巡り歩き、自分の力だけで信仰とはなんであるかを知り、信仰の世界を獲得しようともがいた。しかし、そもそも信仰を合理的に理解することはできない。私が信仰を得られたのは、愛する妻が存在し、そして愛する家族があったからなのである。

父と母についてはすでに述べた。私にとって信仰の端緒は、最も身近な人間を信じることに他ならなかった。

私の人生で最もつらかったのは、自分の死の恐怖に直面したことではなく、妻が私の政治的活動のために危険にさらされることだった。多くの反対に耐えて民主化のための運動を行っているあいだにも、私だけではなく妻も中傷や脅迫にさらされることになった。

選挙が近づくと私は妻に「台湾にいないで、どこか外国に行っていなさい」と何度も言った。私が自分の政治的信念のために堪え忍ぶのは当然だが、私の信念のために妻が中傷や脅迫にさらされるのは我慢がならなかった。ことさらにはいいたくないが、そうした事態はこれまで数限りなく私の家族を襲った。そして、私が政治家の道を選択したことを、心からすまないと思った。

せめて、自らの思想遍歴と政治活動を述べたこの本の最後において、すべての面において支えてくれた妻、曽文恵に、改めて感謝の念を捧げたいと思う。

李　登輝

解説――「哲人政治家」が日本人に遺した未来への希望の書

門田隆将

私が『台湾の主張』を手に取ったのは、いつ頃だっただろうか。発刊と同時に購入していたものの、忙しさのあまり買ったことに安心してそのまま机に積んでおくという悪い癖が出てしまっていた。

しかし、早く読まなければという思いは消えず、おそらく一年後ぐらいだったと思うが、すでにベストセラーとなっていた本書のページを繰ってみた。

読み始めて間もなく、私は「あっ」と声を上げてしまった。李登輝氏ご自身から私が直接お聞きした話が、そのまま出てきたからである。

週刊新潮の特集班デスクだった一九九九年十二月、私はジャーナリストの櫻井よしこ氏と一緒に台湾を訪問し、十二年務めた総統の地位を降りる時期が近づいていた李氏にお会いした。インタビューの後、総統公邸に移って、さらに晩餐のご招待も受けた。

さまざまな話をしていただいた中で、最も心に残ったのは、子供の頃の李氏の話である。特に公学校四年生だった李少年が台北への修学旅行の際の思い出話をしてくれたことが今も記憶に残っている。

向学心旺盛な李少年は、その時、どうしても欲しいものがあったそうだ。小学館の『児童百科辞典』である。

「私は、どうしてもこれが欲しくてねえ。でも、高価なもので、たしか当時のお金で四圓ぐらいしたと思う。なかなか親父にそのことを切り出せなくてねえ。でも、いよいよ修学旅行に行く前の晩に、そのことを口にしたんだ。台北に行ったら、これを買いたい、と。

その時の親父の顔が忘れられない。〝なぜもっと早く言わないんだ。今からでは間に合わない……〟と、本当に困った顔をしてねえ。私は口に出したことを後悔したよ。親を困らせるようなことを言ってしまった、とね」

そう前置きした李氏は、話の核心をこう語った。

「翌朝は、雨が降っていた。私は早々にバスに乗り込んで出発を待っていたんだ。まだ暗かったな。しばらく経ってコンコンとバスの窓を叩く音がする。私は、はっとして顔を上げた。すると、そこに傘をさした親父が立っていたんだ」

李少年は慌てて、バスの窓を開けた。

「親父がねえ、四圓を差し出したんだ。一瞬で、親父が朝早くから知り合いをまわって、お金を集めてきたことがわかったよ。親父の気持ちがうれしくて、涙が出たよ……」

昨日の出来事であるかのように、李氏はそのエピソードを話してくれた。

「私は高価なその本を買うことができた、うれしくて隅から隅まで読んだよ。辞典だからね、いろいろなことが書いてある。それを片っ端から読んでいくんだ。私はどんどん物知りになっていった。そのおかげで、いっぱい興味が湧いたよ。あの時、親父がしてくれたことが今も忘れられないんだよ」

歴史、哲学、宗教、科学、文学……さまざまな分野に大いなる興味を持つ人間・李登輝が育っていった。李氏は、それがこの「辞典」のお蔭だったことを語ってくれたのである。

子供の頃に帰ったかのような李氏の表情が忘れられない。私は自分が親として子供に何をしてあげられるのか、そんなことを考えながら、七十七歳の李氏の顔を見ていた。

本書には、〈父が買ってくれた『児童百科辞典』〉という項目で、まさにそのことが詳しく書かれていた。私がこの部分を読んだ後、あっという間に本書を貪(むさぼ)るように完読したことは言うまでもない。

本書はその李登輝氏がまだ総統の在任中に自分の生い立ちや体験、思想、哲学、そして苦悩……等々をわかりやすく語り、さらに、かつての日本の偉大さまで浮かびあがらせてくれた手記である。

本書を読めば、なぜ李登輝氏が奇跡のような台湾民主化を果たすことができたのか、あの国民党の並みいる外省人の大物たちを向こうにまわして、一人の血も流さない〝静かなる革命〟をなぜ達成できたのか、すべてが腑(ふ)に落ちるだろう。

なかでも私が引き込まれたのは、李氏による中国分析である。なぜ中国が今のような国になっているのか、李氏は歴史を繙(ひもと)きながら、わかりやすくこう書いている。

〈中国人はかねてから長い歴史を有することを自慢にしてきた。しかし永らく続いた封建体制のために、中国ではその伝統文化は曲解され、社会には進歩や改革を阻害する数多くの弊害がはびこっていた。

一九二八年、思想家の胡適は雑誌『新月』で発表した「名教」という論文の中で、中国社会がスローガンを盲信している現象に対して痛切な批判を述べた。彼は、中国人は信仰をもたず、そのかわり独特の、かつ長い伝統のある「名教」、すなわち「文字に書かれた宗教」を崇拝していると指摘した。そのために、何事につけても現実を直視せず、ひたすらスローガンによって心理上の満足を求めることとなる。その結果、問題を解決できず、逆に価値の転倒錯乱を引き起こしてしまう。そこで彼は当時の為政者に「国を治めるにはスローガンによらず、いかにして実行するかが大事である」と説いた〉（四一ページ）

冷静な中国分析に私は刮目した。そして、論はこう続く。

〈魯迅の『阿Q正伝』等の著作では、諷刺的な手法で深刻に、「中国人の面子を愛する文化」を描写し、多くの読者の共鳴を引き起こした。彼は、中国人の何事につけてもいかに解決すべきかを考えず、ただ自己安慰を求め、面子を保とうとする心構えは、結果として中国社会を停滞した状況に陥れ、それこそが時代の流れに合わせて発展できない主な原因だと主張した。

郭沫若（かくまつじゃく）は歴史を研究する視点から封建制度を批判し、多くの青年を鼓舞し、改革をうながした。彼の『十批判書』『青銅時代』等の著作は、先秦人物とその思想を批判することで、早期の儒家である孔子・孟子の民本思想を重視し、韓非子の「法術」「君主本位」と秦始皇帝の「極権主義」などを排斥した。そして、「民をもって根本とする」思想を宣揚し、中国は伝統の束縛から離脱してこそ発展の希望があると説いたのである。

これら中国の伝統社会の弊害を批判する著作は、その時代の知識青年に大きな反響を呼んだ。当時二十何歳かに過ぎない私も、細かくこれらの書籍を読み、中国文化をめぐる問題を深く思索した。私は、中国最大の問題は封建制度にあり、それゆえに停滞に陥ったと考えている。それによって人々の思想と言行はねじ曲げられたのである〉（四一、四二ページ）

このくだりを読んだ時、子供の頃から古今東西の書籍に興味を持ち、これらを読破し、さらに目を閉じて思考する少年、青年、そして壮年の李氏の姿が思い浮かんだ。

李氏は、この論をさらにこう発展させている。

〈今日でも、私は依然として一九三〇年前後に活躍した思想家たちの見解に大変敬服している。だが、残念なことには、その当時の中国社会は未だ成熟段階に到達しておらず、そのために、いくら彼らが社会制度に対する相当深刻な批判をしたとしても、実現可能な解決方法を提出することができなかった。一般の青年は革命の理想を抱きながらも、明確な方向性とその方法をもちえなかったのである〉（四三ページ）

中国と台湾、双方を数多く訪れている私にとって、これほど明快で、目から鱗の落ちる解説に触れたことはない。

そして、さらに注目すべきは、共産党一党独裁下にある中国が、少数者の権威主義的かつ独裁的な支配、そして政治的には共産主義（左）で経済的には市場経済（右）という根本的矛盾を抱えているにもかかわらず、アメリカがこれを「二十年で克服するだろう」と予測していることについて、李氏はそれが不可能であることを論理的に説いている点だ。

「二十年後の中国」とは、『台湾の主張』が出版された時を基準にすると、ほぼ

「現在」にあたる。ここで李氏はアメリカの予測について、こう述べている。

〈アメリカなどの予測では、中国はこれから二十年をかけてこの矛盾と対決し、やがては活路を見出すことになっている。しかし、それは可能だろうか。そして、可能だとすれば、どのような条件が求められるのだろうか。（中略）海峡のこちら側からみれば、その転換はきわめて困難なもののように思われる。アメリカは二十年と踏んでいるが、このままではそれ以上の年月が必要であろう。そして転換したからといって、すべてがうまくいくわけでないことは、この十年あまりのロシアの例をみれば明らかなのである〉（一四三、一四四ページ）

冷静客観な李氏の捉え方は、実際に二十年が経った「現在」だからこそ、凄さがわかる。李氏はその理由をわかりやすく書いているので、是非、本書でお確かめいただきたい。

「二十年後の中国」に対するアメリカの見方がいかに希望的であり、幻想であるかを李氏は語っているのである。アメリカはオバマ政権の末期、やっと対中政策の誤りに気づき、次のトランプ政権が大きく政策転換したのは周知のとおりである。

大国となり、世界の覇権奪取を虎視眈々と狙う中国を見る時に、この李氏の冷静な分析がいかに貴重かを思う。

今では、中国はアヘン戦争以来の「百年の恥辱」を晴らし、「偉大なる中華民族の復興」を果たす、というスローガンの下、ひた走っている。さらにいうなら、第二次世界大戦の六〇〇〇万人もの犠牲の下に成立した〝戦後秩序〟を破壊し〝力による現状変更〟をくり返し、建国百年の二〇四九年までには世界の覇権奪取を広言するまでに至っている。本書をあらためて読みながら、私は李氏の分析・予測がいかに的を射たものであったかを感じた。

「僕はねえ、二十二歳まで日本人だったんだ。それが誇りだよ」

これが李氏の口癖だった。自分の首に手を当て、李氏は「私はここまで日本人なんだ」とユーモラスに語るのが常だった。旧制中学、高校、帝国大学、そして日本陸軍の軍人でもあった李氏は、笑いながら「李登輝」という人間をそう表現していた。その表情を見て私は、日本人がとっくに忘れ去った古き良き日本人の高い精神性と矜持を感じた。

奇跡の台湾民主化を成し遂げ、未来の世界情勢をも見通せる〝源〟は何だったのか、と思う。それこそ、かつて日本統治時代に培った揺らぎのない「精神性」と「魂」に秘密があるのではないだろうか。

本書はその意味で、古き良き日本人たる李氏が私たち日本人に遺してくれた未来への提言であり、希望の書と言えるものなのである。

（作家・ジャーナリスト）

著者紹介
李 登輝（り　とうき）
1923年、台湾・淡水郡生まれ。元台湾総統。農業経済学者。旧制台北高等学校を卒業後、京都帝国大学農学部に進学。43年、日本陸軍に入隊。終戦後、台湾大学農学部に編入学。米国留学、台湾大学教授などを経て、71年、国民党に入党。行政院政務委員、台北市長、台湾省政府主席、副総統などを経て、88年、総統に就任。90年の総統選挙、96年の台湾初の総統直接選挙で選出され、総統を12年務める。台湾の民主化を実現。2020年7月30日逝去。
著書に『新・台湾の主張』（ＰＨＰ研究所）、『「武士道」解題』（小学館）、『日台の「心と心の絆」』（宝島社）、『李登輝より日本へ贈る言葉』（ウェッジ）などがある。

登場する人物等の肩書きは発刊当時のものです。

この作品は、1999年６月にＰＨＰ研究所から刊行された『台湾の主張』を改題し、一部修正したものです。

PHP文庫　台湾の主張[新版]

2021年2月16日　第1版第1刷

著　者　　李　登　輝
発行者　　後　藤　淳　一
発行所　　株式会社PHP研究所
東京本部　〒135-8137　江東区豊洲5-6-52
PHP文庫出版部　☎03-3520-9617(編集)
普及部　☎03-3520-9630(販売)
京都本部　〒601-8411　京都市南区西九条北ノ内町11

PHP INTERFACE　https://www.php.co.jp/

組　版　　株式会社PHPエディターズ・グループ
印刷所
製本所　　図書印刷株式会社

ISBN978-4-569-90113-8

PHP文庫

素直な心になるために

松下幸之助 著

著者が終生求め続けた〝素直な心〟。それは、物事の実相を見極め、強く正しく聡明な人生を可能にする心をいう。素直な心を養い高め、自他ともの幸せを実現するための処方箋。